AF471405

FANTIN-LATOUR

CE VOLUME A ÉTÉ ACHEVÉ EN AVRIL M.CM.XXVI, LA GRAVURE DES PLANCHES PAR LA SOCIÉTÉ DE GRAVURE ET D'IMPRESSION D'ART A CACHAN, LE TEXTE PAR F. PAILLART, A ABBEVILLE (SOMME).

“ MAITRES DE L'ART MODERNE ”

FANTIN-LATOUR

PAR

GUSTAVE KAHN

40 planches hors-texte
en héliogravure

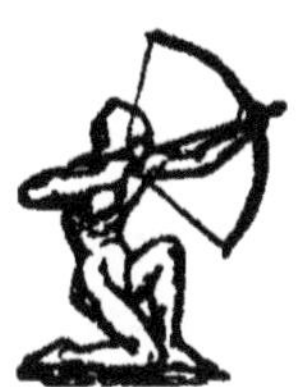

F. RIEDER & Cie, ÉDITEURS
7, Place Saint-Sulpice, 7
PARIS
M.CM.XXVI

FANTIN-LATOUR

La biographie de Fantin-Latour est toute unie et sans autres incidents que les phases de son développement esthétique.

Il naît à Grenoble le 14 janvier 1836 au deuxième étage d'une maison de la cour de Chaulnes. Son père, Théodore Fantin-Latour, naquit à Metz. Il était peintre, professeur de dessin, et avait copié au Louvre. Il avait épousé une Russe. Le grand-père, Jean-François Fantin-Latour, avait été au temps de la Révolution, marin ; au temps du premier Empire, versé à l'armée de terre, il était devenu lieutenant-colonel d'artillerie.

L'origine de la famille était italienne. Le nom de Fantin serait dérivé de San-Fantino. Un Jean Fantin eut ajouté, à la fin du XVIIe siècle, le nom de Latour à celui de Fantin.

Fantin-Latour quitta Grenoble enfant, son père étant venu tenter la fortune à Paris, et n'y retourna point. Faut-il chercher dans les origines compliquées de Fantin-Latour quelque explication de sa mentalité, de son esthétique, de son talent? Il a écrit lui-même : « Un sang trop mélangé coule dans mes veines, pour que les questions d'école ou de nationalité puissent m'agiter. » La part assez large qu'occupe dans son œuvre d'illustrateur et de peintre, la grande figure de son compatriote

Berlioz, s'explique suffisamment par son amour de la musique, sans qu'on cherche à y constater une efflorescence de patriotisme local.

Du jour où son père vient s'installer rue du Dragon, près de la rue Taranne, Fantin-Latour est un Parisien.

Il grandit à Paris, fréquente l'école des Frères de la rue Saint-Benoît, copie les dessins de Flaxman que lui prêtait un pharmacien du quartier qui avait été second prix de Rome de sculpture ; il devient élève de Lecocq de Boisbaudran, avec Alphonse Legros, Georges Bellenger, Lhermitte, Cazin, Solon, Cuisin, après un passage bref et ininstructif à l'École des Beaux-Arts. Travail fini, il fréquente avec un de ses amis, un petit café, le café Taranne, où il se souvenait d'avoir vu et entendu Gustave Flaubert dialoguer avec Louis Bouilhet. Il deviendra un des meilleurs élèves de Lecocq de Boisbaudran, qui lui laissera par testament, une somme de cinq mille francs. Son vrai maître, c'est le Louvre ; il y copie inlassablement Watteau, Véronèse, Van Dyck, Ferdinand Bol, le Poussin. Il admire Delacroix. Il fait la connaissance de Whistler, sur lequel il semble avoir exercé une influence, lui demeurant étanche.

Il est allé à l'atelier de Courbet et s'en est découragé au bout d'un mois. Il s'est lié avec François Bonvin, et quand cet excellent peintre organise dans son atelier de la rue Saint-Jacques une exposition de refusés du Salon et de peintres hardis, préludant à la célèbre Exposition des Refusés de 1863, Fantin est un de ceux que Bonvin admet à accrocher ses toiles aux parois de son atelier, qu'on appelait l'atelier Flamand de Bonvin.

◘

Fantin est un Parisien d'adoption, amoureux de Paris et ses tendances diverses s'expliquent par les aliments intellectuels que Paris fournit à sa curiosité.

C'est un Parisien de rive gauche. A peine du jour où son père est venu se fixer rue Taranne, se laissera-t-il, un moment, entraîner à habiter rue de Londres, tout près des Batignolles, qui semblent à ce moment la capitale de l'impressionnisme. Il revient très vite à la rive gauche, comme à son alvéole naturelle. Vieilli, il aura dans l'attitude, un peu de l'aspect des vieux savants qui la hantent. Il a, il garda toujours une admirable et jeune clarté du regard, curieux de tout, contemplatif de tout, étrangement accueillant de ses scintillements brefs, élargi et doux dans la rêverie. Il est d'aspect aimable et monacal un peu. Il va à pas feutrés. Son audace est tranquille. Elle est aussi intermittente. Du jour où il est entré chez Lecocq de Boisbaudran jusqu'à sa pleine maturité, jusqu'à la quarantaine, Fantin est un étudiant, ce qui ne veut pas dire un écolier, mais plus que tout autre il croit à l'étude du passé. C'est un des points qui le différencient des impressionnistes, qu'il fréquenta, dont il fut, au début, l'un des outlaws devant la presse et l'art officiel, mais dont il se sépara, quoique sans bruit, très résolument. Au Salon de 1867, Fantin envoie un portrait d'Édouard Manet. Ce n'est point seulement l'exposition d'une belle peinture, ce n'est pas l'envoi d'un portrait d'ami, peint au hasard heureux des circonstances, d'une villégiature studieuse et commune. C'est un acte. Fantin affirme là sa dilection et son admiration pour un artiste contesté, qu'il ne se choisit pas comme chef de file, mais dont il admet que le nom soit symbolique de recherches nouvelles, hardies, opportunes et nécessaires. Puis il se disjoint. Tout ne le satisfait pas dans le groupe nouveau ; il a des ambitions différentes. Il s'éloigne de plus en plus, esthétiquement, sans cesser de voisiner personnellement. Comme il allait au café Taranne dans sa jeunesse, il va au café Guerbois, il ira au café de Bade, là où paraît Manet, très en vue, causeur brillant, ajoutant à sa gloire de peintre une manière de notoriété de tribun et presque de pamphlétaire.

Émile Zola voit Fantin au Guerbois. Il ne le distingue pas bien : Gagnières, un des plus irréguliers à la table des dissertations et des polémiques, qui adore la musique, trait qui appartient bien à Fantin. Gagnières peint des paysages gris, argentés, fins, tempérés !

Transposition un peu élémentaire ! Mais Zola voit et marque assez bien la situation de Fantin vis-à-vis du groupe, s'il le décrit lui-même, très sommairement.

Faut-il admettre tout de même, que cette situation soit aussi secondaire que l'a coté Zola. L'*Œuvre* est un beau livre qui n'est ni complet ni totalement exact, et c'est un roman. Tout se plie au niveau de l'intrigue. Mais si l'on n'y voit bien ni Manet, ni Monet, ni Degas oublié, si on y discerne mal Cézanne qui sert de substrat au héros du livre, les belles pages et les observations justes n'y manquent point.

Et Gagnières, au moment où on lui apprend qu'on publie des articles sur Fagerolles, l'adaptateur secondaire des audacieux du groupe impressionniste et luministe, s'esclaffe, naïvement et prodigieusement étonné.

Il ne comprend pas qu'on parle d'un artiste qui n'a rien créé. Il y avait encore de cette apreté naïve et de cette intransigeance honnête chez le vieux Fantin.

D'ailleurs, quelles que soient les amitiés de Fantin pour les impressionnistes, sa technique n'est point régie par leurs principes et son esthétique est différente.

A mesure que l'impressionnisme se développe et qu'il est défendu par les écrivains réalistes puis naturalistes, les peintres acceptent les perspectives et les restrictions que leur proposent leurs amis de lettres. Il ne s'agit plus seulement de peindre la lumière, mais de donner le frémissement du moderne. Le tableau, comme le livre, veut donner la tranche de vie. Si les impressionnistes, se réduisant à peindre uniquement ce qu'ils voient, obéissaient en cela à la leçon de Courbet, s'ils subissaient là, une esthétique purement picturale, affirmée depuis longtemps, Degas commencerait-il par une Semiramis (dont il est vrai la grande curiosité est ce qu'elle contient de modernisme), Manet peindrait-il la fusillade de Maximilien sur quelques documents et surtout d'imagination, Cézanne esquisserait-il des projets de décorations murales d'après l'*Orlando furioso?* Au début, les impressionnistes envisagent la beauté de l'évocation. Si Zola prête à son héros défaillant, un paysage symbolique à figures qui a le tort de rappeler un tableau d'un peintre qui ne fut ni tout à fait de ce temps, ni de ce mouvement, n'y a-t-il point chez lui, dans cette attribution à un impressionniste d'une allégorie de Paris, quelque souvenir d'un projet dont on lui parla ?

Mais l'influence, encore que limitée, du sec Duranty, sec, malgré sa belle qualité de style et une abondance de notions érudites, de Zola romantique d'essence et dont chaque livre successif dénote un assujettissement plus grand à l'esthétique réaliste qu'il s'est imposée, se corrobore des joies de la découverte du Paris nouveau vu dans la lumière, de la campagne épiée dans sa splendeur lumineuse.

Fantin dans ses portraits n'est point éloigné du faire de Claude Monet dans ses premières figures, mais Monet se passionne pour le Paris mouvant des gares et le jeu des fumées contre les vitres encrassées et le manteau de lumière de l'été sur les chantiers ; à la campagne pour les effets rares de l'aube, les splendeurs courtes et multiformes des ciels d'hiver, les brumes d'eau des ressacs de vagues. Il se façonne un métier propre à rendre les instants magnifiques de la vie naturiste.

Il y a eu sur les débuts de l'impressionnisme, une influence de Delacroix. Cette influence a baissé rapidement. Est-ce la technique de Delacroix qui est moins admirée. Non ? puisque les fresques de Saint-Sulpice annoncent par endroits le pointillisme et que, plus tard Seurat y trouvera un encouragement. C'est de l'esthétique d'évocation de Delacroix que se détachent les peintres sous l'emprise de ces deux idées « découvrir la vie moderne ; donner toute la luminosité et le caractère de ce que l'on voit ».

Leurs critiques ne cesseront de les y pousser, de leur montrer l'éclat et la splendeur du paysage de la rue jusqu'à cette exagération, lyriquement réaliste, d'Huysmans, conseillant aux jeunes peintres de représenter, sur leurs toiles, l'éclat et l'ordonnance des étalages dans les devantures.

Longtemps, la critique d'art se précisera dans un sens réaliste, préconisant la vérité courante par haine de la vignette de salon, la tranche de vie saignante en haine des chairs fignolées et polies à l'extrême d'un Bouguereau, en haine du sujet anecdotique aussi bien qu'esthétique, avec une exception d'indulgence d'office et d'admiration d'ailleurs juste vis à vis de Puvis de Chavannes.

Or, chez Fantin, l'influence de Delacroix perdure. Si on ne peut dire qu'il le continue c'est d'abord qu'une certaine timidité l'enchaîne devant la route aperçue et qu'il serait seul à prendre, tandis que les camarades bifurquent ; en plus, que ses premiers efforts en ce sens tombent dans le silence, et puis Fantin est foncièrement personnel et s'il continue Delacroix, c'est à sa manière, livre fermé, après longue méditation, dans sa propre nuance de vision. Fantin ne se fait point de la couleur une déesse au même masque et aux mêmes toilettes que Delacroix. Il ajuste à son tempérament la vérité romantique, lui donne l'apparence propre à son génie, figurative de son génie. Mais encore, si la vie lui eut été plus clémente que de visions romantiques à la traduction desquelles il n'a appelé que le dessin (avec exécution lithographique) eussent fourni des thèmes de tableaux.

N'empêche que Fantin est le chaînon qui unit la peinture d'aujourd'hui à la peinture romantique.

◘

L'idéal de la peinture romantique est complexe. S'il n'était empreint que du souci du pittoresque et de l'évocation de la légende et de l'image, il accepterait Paul Delaroche qu'il excommunie en fait. Antigna est un romantique par la date ; les romantiques l'acceptent comme ami mais le considèrent comme un réaliste. Grosso modo, Ingres contre Delacroix. Est-ce l'antiquité classique, contre Shakespeare, la chronique de France, l'orientalisme? Non, puisqu'Ingres traite l'évocation médiévale, aussi bien que la légende païenne, si moins fréquemment. Les romantiques ne lui sont pas ennemis. Delacroix en fait cas de façon savante et mesurée. C'est Ingres qui voit rouge en pensant à Delacroix. Sans doute par haine du mouvement. Ingres songe à réduire le mouvement au statique, Delacroix à donner tout le mouvement. Se reconnaissent-ils dans Chassériau qui les concilie dans son génie propre ? Ils n'ont pas les mêmes dieux, c'est-à-dire qu'ils n'aiment pas les mêmes peintres. Ingres adopte l'idée fausse et littéraire, je veux dire littéraire et fausse en littérature, des perfections classiques. Il croit aux grands siècles. Il est historien comme un régent de collège. Rien ne l'empêchera de croire qu'Homère était un vieillard aveugle et autour du chant de l'antiquité grecque symbolisé par cette statue en chaire, il incline les siècles. La muse qu'il place, derrière Chérubini, d'un si noble mouvement est blafarde et funéraire. C'est la Fiancée de Corinthe. Chez Delacroix tout vit et tout chante, tout ruisselle ou éclate. Le manteau rouge d'un cavalier turc éclaire tout un épisode de chasse qu'il n'a pas vue, mais la beauté du ton de ce manteau légitime tout ce dont il l'entoure. Il orchestre comme Berlioz dans la couleur du sentiment et de la passion. Il imagine. Ingres aussi. Peut-on dire que Ingres imagine sans imagination ? Baudelaire remarque qu'entre la vie, l'imagination et lui, Ingres interpose un lorgnon, le lorgnon Raphael. Il y arrive par l'étude et donc, immobilise Raphael. Que l'on donne à Delacroix, comme père, Rubens, il y a là vérité d'école. Mais outre Gericault, il y a Shakespeare et Shakespeare bien compris. Banville qui eut été un critique d'art éblouissant, s'il n'eut préféré créer ses images, se rend un compte exact de la valeur de l'interprétation d'Hamlet par Delacroix. Les commentateurs embrouillent, mais Delacroix voit juste. Il y a autant de Véronèse chez lui que de Rubens et il y a tous les grands peintres, car il les a tous regardés, il les a tous lus, en gardant ce qui peut servir à la beauté de l'évocation, tandis que ses rivaux classiques ne connaissent que quelques peintres parvenus, selon eux, à la perfection, c'est-à-dire à l'immobilité. Tout au plus pourrait-on dire à leur décharge que c'est question de tempérament et ajoutons « et de dires répétés ». L'opinion de collège qui met Andromaque si au-dessus de Cromwell et des Burgraves, durera-t-elle toujours, même dans les collèges ? L'idéal romantique est magnifique d'ensoleillement et de vie, et n'a pâli que chez de pâles élèves. Tout de même un drame de Catulle Mendès est autrement passionnant qu'une tragédie de Bornier. Si personne n'a été de taille à tendre l'arc de Delacroix et à imaginer l'incendie jaune de Sardanapale, le Sanglier des Ardennes dans son orgie militaire, la foule envahissant la Convention, la tête de Feraud au bout d'une pique, cela n'infirme point la tendance romantique. Pour se renouveler il fallait bien que l'art bifurquât : mais les critiques qui ont semé de fleurs ce chemin nouveau, par éloignement obligé, croyaient-ils, du romantisme, n'ont point compris le vérisme qu'il contenait. Ils ont été parfaitement injustes pour ceux qui voulaient, à leur date et par leurs moyens originaux, reprendre les grandes tentatives, pour Raffaëlli, quand il créait ce magnifique surgissement politique de son Clemenceau ou pour Fantin lorsqu'il ramenait dans ses demi-teintes, adorablement harmonieuses, la vision féerique, dans une belle irradiation d'évocations et un paysage docile aux leçons des grands paysagistes de 1830, et de Corot et de Théodore Rousseau.

Tout l'impressionnisme a compris Corot et s'en est éclairé. C'est tout de même un idéal romantique qui suscite des nymphes dansantes en accent de mouvement aux paysages de Corot et qui préside aux belles études d'arbres de Rousseau. Les romantiques ne l'ont pas très bien discerné et Gautier, si aimable d'habitude, réserve souvent à Corot ou Daubigny les restrictions qu'on ne ménage pas aux gens dont on attend tout. Baudelaire est plus clairvoyant qui comprend Manet, devine Jongkind et Bonvin. Mais alors Baudelaire n'écrit plus de critique d'art, ne trouvant sans doute plus de place pour publier ses articles.

S'il eut continué, au cours de ses dernières années, il eut certainement aimé la *Féerie* de Fantin-Latour. A la mort de Baudelaire, Fantin a certainement perdu un défenseur. Qu'il y eut sympathie de Baudelaire, en réciprocité de l'admiration de Fantin, la preuve en subsiste par l'admirable portrait de Baudelaire par Fantin, portrait si doucement nimbé de mysticisme, si nostalgique et pénétrant, qui annonce, tout deviné, l'art d'un Carrière, un triomphe de grand portraitiste d'âmes, et Fantin s'était fait de Baudelaire l'idée la plus juste. Il déclare que toutes les broutilles de la légende accumulée sur la vie du poète des *Fleurs du Mal* sont vaines et que Baudelaire est un pur artiste.

Les opinions littéraires de Fantin s'expriment rarement et toujours brièvement ; on en trouve quelques échos dans ses lettres, dont quelques-unes sont citées dans la monographie très complète et très vivante que lui a consacré la piété et le goût d'Adolphe Jullien. La plupart du temps, s'il atteint les poètes, c'est au travers du musicien comme Byron au travers de Schumann, le Tasse par Gluck ou Haendel. Mais sa phrase sur Baudelaire est très juste et combien étaient-ils alors en dehors de quelques poètes, la plupart d'ailleurs amis de Fantin, à rendre justice à Baudelaire.

La notoriété de Fantin-Latour date du Salon des Refusés [1] en 1863.

Les élèves d'Ingres et ceux de Paul Delaroche étaient les maîtres du Salon officiel. Nombre d'élèves de Delacroix, séduits d'abord par sa splendeur colorée et sa puissance d'évocation, avaient glissé à la vignette de Delaroche. Les paysagistes plus libres se maintenaient dans les formules de 1830, Troyon et Rosa Bonheur régnants, maigre accueil accordé à Corot ou à un Théodore Rousseau. Pas d'autres maîtres en ces salons que Corot, Rousseau, Millet et sur la lisière Courbet méconnu, Daubigny contesté.

D'un autre côté, se réunissent ou sont rejetées au Salon de

1. De ce qu'il y eut à ce Salon des Refusés des œuvres admirables, de ce que la décision impériale admit les Refusés et permit à de grands artistes d'attirer avec éclat l'attention du public dans une partie de ce Palais de l'Industrie duquel le jury et l'Institut, dont ce jury était l'émanation, voulaient les exclure, il ne faut pas croire que tout n'était que chefs-d'œuvre aux cimaises des refusés.

Sans que l'aspect ne fut tout à fait pareil à celui des premières expositions des Indépendants, avec leur mélange de beaux peintres pointillistes, d'amateurs et de mauvais peintres, c'est de ces expositions que le Salon des Réfusés doit se rapprocher le plus.

L'impressionnisme ou si l'on préfère la catégorie des jeunes peintres amoureux de moderne et de lumière qui donneront des chefs-d'œuvre, s'y affirme par Manet, Jongkind, Monet, Camille Pissarro, Whistler (dont on admire la jeune fille en blanc), Fantin-Latour, Cals (avec le ménage du sabotier). On y rencontre l'élève de Jongkind, Madame Fesser. A côté d'Alphonse Legros qui passe pour un admirateur de Courbet, toute une série d'élèves de Courbet, exilés du Salon, pour cette raison même, Harpignies, Lansyer, Jean Desbrosses, Lapostolet, Francis Blin, le peintre belge Louis Dubois, Amand Gautier, coupable d'avoir présenté la parabole de la *Femme adultère*, en décor et costumes modernes.

On y trouve aussi le bon paysagiste Chintreuil et Antoine Vollon qui devait connaître de si grands honneurs académiques, mais qui alors fréquentait les peintres hardis dont Fantin qui l'avait placé dans le *Toast*.

Il y avait des peintres habituellement reçus au Salon, St-Marcel, Lobjoy, Pipard, et Tabar. Tabar, peintre non sans valeur et dont Baudelaire a parlé, avait été refusé parce que son portrait d'homme était celui d'un homme de deux mètres de haut et qui avait exigé d'être présenté grandeur nature. Alors la dimension du portrait de Tabar avait semblé au jury exorbitante.

On y rencontrait aussi des élèves de Flandrin, en disgrâce, Gariot qui signait ses toiles en latin (Paulus Cæsar Gariot faciebat anno...), M. Julian, M. Paradis, etc...

Refusés, des forces intactes, tout un groupe de jeunes ardents, n'ayant encore pactisé avec aucune puissance opportuniste, une série d'artistes probes, volontaires, ayant pris la leçon de Corot, de Daubigny, avec des influences de Velasquez, de Constable, de Turner et un très louable souci de personnalité et d'indépendance, avec des tendresses pour des ignorés comme Bonvin, une attention profonde à regarder Manet qui vient un peu du dernier Couture, de Velasquez davantage et de lui-même surtout, car il découvre la rue, les passants, et délimite les possibilités de la peinture à la vision directe, à l'impression comme Edgar Poe limite la poésie à un chant individuel.

Fantin-Latour expose une *Féerie*. Il tenait à la montrer, quoiqu'il ait eu en cette année 63 un tableau reçu au Salon. Il est à ce moment l'unique peintre qui ait compris toute la leçon de Delacroix.

Il va au tableau-poème, à l'évocation de l'image. Il ne s'agit point de constructions sans base. Le modèle peut donner le geste que l'évocateur a rêvé. Le costume peut suggérer les harmonies de couleurs dont on a besoin. Cette *Féerie* est un beau tableau.

Est-il reconnu ? Laissons de côté les critiques dont le goût acclame Dubufe ou Gérôme.

— Râclez-moi ça, dit Castagnary, vous qui êtes un vrai peintre et sur la même toile bâtissez-moi quelque chose de bien vivant, vécu, et de bien moderne.

Castagnary est un des défenseurs de la jeune peinture. Il est judicieux et perfectible, car ses jugements évoluent. Il demeure fermé au tableau d'évocation, au tableau-poème. Il déclare d'ailleurs Fantin « habile entre les habiles. »

Le malentendu surgissait qui a pesé sur l'impressionnisme. Après Proudhon interprétant la volonté de réalisme, où se concertaient les hautes qualités de probité et les insuffisances de Gustave Courbert, l'esthétique myope de Champfleury, le parti-pris littéraire d'Edmond Duranty, pourtant si informé, instaurent en parallélisme de leur esthétique littéraire, une esthétique picturale réaliste, qui pèsera sur les peintres à mesure que Zola entrant en scène, défendra Manet avec talent et montera dans la gloire.

L'esthétique vériste devient, dans son application par l'impressionnisme, éminemment respectable par la splendeur des résultats obtenus. parce qu'elle est une base de cette étude de la lumière que les impressionnistes intronisaient en suzeraine, dans le paysage de ville et le paysage rural. On peut dire qu'avant l'impressionnisme (quoique Corot soit le père de Pissarro et de Sisley) la lumière n'est qu'indiquée par allusion. Avec eux, elle vit et palpite et ils enseignent au monde pictural l'existence des reflets dans la nature.

Cette fidélité à la vision directe partage, en groupes différents, la jeune peinture sous le second Empire, après que le Salon des Refusés lui a permis de se compter. Cette jeune peinture d'alors est assez diverse. Puvis de Chavannes en fait partie qui avant de s'inspirer des beaux enlumineurs médiévaux et de s'acheminer vers la simplicité décorative, s'est soucié des grâces élégantes et mélancoliques de Gustave Ricard et de la force de Thomas Couture. Elle contient Degas qui s'affranchit de l'influence de Chassériau (l'étude de Delacroix tempérée par l'étude d'Ingres, un souvenir de Géricault et une forte personnalité païenne et sensuelle) pour passer à l'étude de la rue et du foyer de la danse. Elle contient Whistler, exaspéré du vérisme de détail et de la volonté d'évocation de thèmes des préraphaélites, injuste vis-à-vis de leurs réalisations, Whistler qui s'éprend de la couleur pour la couleur et des tons fins, et qui apporte aux Refusés une symphonie en blanc majeur ! Elle contiendrait, sauf appât des médailles, Carolus Duran, très lauré, très conquis par les beaux brosseurs d'étoffes d'Italie et de Flandre mais si attentif à Manet et qui tentera un compromis avant de retourner à la peinture d'école. Elle contiendrait, si les différences d'âge n'étaient point si énormes, elle contient, de par l'absolue méconnaissance de sa valeur de peintre, Daumier dont la leçon est tout à fait perdue dans le vide avant que Raffaëlli ne fonde le caractérisme ; Chifflart, prix de Rome, mais suspect d'étrangeté.

Elle compte Cals, joli créateur d'intimités un peu sombres ; Jongkind, autodidacte qui arrive sans qu'on puisse noter une autre influence et partielle que celle de Bonvin, aux idées chères à l'impressionnisme ; Ribot espagnolisant violent, de la plus belle probité de dessin, trop ribériste et trop localisé, Bonvin, une manière de Chardin ; Bazille dont la vision se rapproche de celle de Manet. Les recherches d'harmonies nouvelles de Delacroix dans les fresques de St-Sulpice, les recherches de division du ton de Daubigny s'accordent avec les recherches des jeunes, des exposants aux *Refusés* : Manet, Pissarro, Harpignies, Blin, Chintreuil, Legros, Lansyer, Antoine Vollon. Mais le groupe impressionniste se spécialise. Les études de paysage de Manet à Argenteuil, les premières marines et les premières Seines de Claude Monet le feront dénommer l'école du plein air.

Fantin-Latour est un peintre d'atelier. Son esthétique ne le porte point à dépeindre le décor de la vie moderne. Il voisine simplement avec l'impressionnisme, comme Puvis, comme plus tard Odilon Redon. Il n'a point vision que de la nature, il a des visions d'idées, des visions de visions.

◘

Fantin jeune a donné cet éblouissement doré *La Féerie*. Il excelle aussi à des morceaux stricts. Il fait son portrait devant la glace, fréquemment.

Il y a, en lui, dualité. Il y a un Fantin novateur qui rapporte du concert Pasdeloup une floraison de belles images, qui, rentré chez lui, fait revivre les héros wagnériens, tente de personnifier le souffle orchestral de Berlioz, qui a lu les poètes, donne forme à des *Orientales* comme *Sarah la Baigneuse*, modèle des figures, non point allégoriques, non point symboliques, mais expressives et généralisées comme *La Nuit* ; un Fantin très émotif et délicieusement poète.

Il y a aussi un Fantin qui a peur de perdre pied, de se fondre en nuée, en courant vers l'idée, qui après avoir donné carrière à son imagination, éprouve le besoin de marcher sur un terrain solide, sur le pavé de tout le monde. Le « Ne peins que ce que tu vois » de Courbet, pèse sur lui, certainement, et aussi ses admirations du musée, très vives, pour les intimistes, pour les Hollandais, pour Frans Hals. Il a des parties de visionnaire, mais c'est aussi un vériste convaincu. Il est attiré par les portraits de corporation de Hals, de van der Helst. Il travaille à des œuvres similaires. Son esthétique particulière apporte à leurs conceptions des modifications notables.

Les Hollandais dans une besogne, où l'art du portraitiste trouve son compte, besogne tout de même, commandes à composition obligée, ne tentent qu'à donner à leurs personnages une variété d'allures, à éviter, dans la mesure du possible, l'aspect *posé*.

Chez Fantin, le portrait de groupe relève de l'esthétique vériste par la recherche du mouvement. Quand il exposa le *Coin de Table*, Castagnary, qui le voyait peindre des modernes, le défendit et nota ses qualités profondes ; toutefois il lui reproche le désordre de sa composition. Il y a des gens assis, des gens debout, des gens de face, des gens de profil ! Le bon critique n'y comprend rien. Il y a du désordre, à son sens !

En vérité, il y a des gens assis, des gens debout, des entrants, des sortants, une recherche de pittoresque qui ne coûte rien à la vraisemblance, un souci de vérité qui ne nuira pas à la puissance de surgissement, une recherche assez particulière à Fantin, à la fois très ambitieuse et modeste, bien dans la manière de Fantin, et aussi, ce qui est de ses traits personnels, une accommodation aux circonstances et une sorte de réduction du premier projet, mais menée de façon à ce que la probité du peintre reste entière. Diminution de l'idéologie et de la puissance d'évocation, mais toujours même loyauté de métier devant la nature. L'exécution demeure, c'est l'idée ou plutôt le projet qui souffre. Ceci demande à être expliqué.

La première idée du *Coin de Table*, c'est celle d'un hommage à Baudelaire. Dans l'exécution du tableau où d'Hervilly lit des vers à Verlaine distrait, Rimbaud distant, Camille Pelletan préoccupé, Valade et Blémont attentifs, Pierre Elzéar qui semble arriver au cours de la lecture, il n'en demeure rien. C'est simplement une réunion de poètes. Au premier projet, le fond de la pièce, le centre du tableau était occupé par un portrait de Baudelaire, que Fantin admirait, dont il disait dans sa manière brève les choses les plus justes, démêlant et écrivant au moment de la mort de Baudelaire, quand les sottises s'accumulaient devant son tombeau, que c'était simplement un artiste pur. A côté des poètes présents, écoutant ses vers, ce qui était un mode juste de rendre hommage à la mémoire du grand disparu, Fantin comptait placer (voir le livre d'Adolphe Jullien) Théodore de Banville, Asselineau, Leconte de Lisle. Sans que l'on soit informé par le menu des négociations de Fantin pour réunir ses modèles, on peut penser que par la négligence des uns, les occupations des autres, le temps passait et que Fantin s'impatientant, réduisit son projet et ne songea plus, acceptant de bâtir avec les débris de son rêve, qu'à peindre un groupe de poètes. C'était Poulet-Malassis, ce brouillon de Poulet-Malassis, qui s'était flatté d'amener au jeune peintre Banville, Leconte de Lisle et Asselineau ; il ne réussit point. Fallait-il l'attendre à jamais ? L'hommage à Baudelaire devint le *Coin de Table*, une lecture de poèmes à des poètes, tout de même un tableau de corporation mais sans le caractère militant qu'aurait eu, parmi la méconnaissance générale, l'hommage à Baudelaire.

Encore cela n'alla pas tout seul et Fantin, à la fin de sa vie, le Fantin un peu aigri des derniers jours (car en somme il n'avait pas sa place, et grand peintre n'était considéré que comme un bon peintre) contait ses déboires.

Il ne convenait plus ou ne voulait plus se souvenir que son tableau fût un hommage à la poésie, Il invoquait des convenances propices pour la réunion de ses modèles, la plupart employés à l'Hôtel de Ville, ce qui leur permettait de se concerter et de venir, une fois l'ensemble du tableau esquissé, les uns sans les autres, poser devant lui. Il racontait l'histoire du beau vase de fleurs qui jaillit sur la table, au coin de la table. La voici :

Un jour, Albert Mérat se présente à lui, l'âme irritée, le verbe décisif. Verlaine et Rimbaud se sont rendus insupportables à leurs confrères las de recevoir les fléchettes de leurs épigrammes et surtout froissés de l'incessante critique verbale formulée en laconismes impolis par Rimbaud, dont ils sont décidés à ne plus supporter les violences et les incartades. Inutile d'essayer de les dissocier. Écouter l'un, c'est se priver de l'autre ! Et pourtant c'est ce qu'Albert Mérat vient demander à Fantin. Oui ! lui, ou eux ! Il ne veut ni poser avec eux, ni paraître au même coin de table, et se trouver immortalisé en si mauvaise compagnie. Fantin réfléchit. Mieux vaut perdre un modèle que deux. Il se refuse à exiler Verlaine et Rimbaud, suggère à Mérat que quelques jours, une ou deux semaines lui apporteraient peut-être un conseil de mansuétude et qu'il reviendrait ; mais Mérat ne revint pas, et à sa place Fantin mit des fleurs. Comme dans un poème antique de métamorphoses, il changeait le grognon Mérat en gai bouquet [1].

1. C'est d'ailleurs ainsi que M. Adolphe Jullien présente les faits.

Je tiens l'anecdote de Fantin et le précise, car il court une autre légende et qui vient de gens bien informés, à savoir que ce bouquet serait un hommage et remplacerait Victor Hugo qui devait venir. Mais cette légende est un télescopage de souvenirs et procède de ces négociations inutiles dont se serait chargé Poulet-Malassis pour amener Banville, Leconte de Lisle et Asselineau. L'absence de Banville qui adorait la peinture et était l'aménité même, sans compter sa vive amitié pour Baudelaire, ferait admettre que Poulet-Malassis s'est acquitté bien indolemment de la commission s'il a vraiment tenté de s'en acquitter.

Parmi les quatre grands tableaux de portraits contemporains que laisse Fantin (on ne peut compter le *Toast* supprimé et réduit à l'état de fragments) l'*Hommage à Delacroix* est peut-être celui qui correspond le mieux, par le choix et le groupement des personnages, à l'idéal de Fantin.

Notons que Fantin s'est toujours défendu d'être un portraitiste, même lorsqu'il faisait des portraits et qu'habituellement, sauf quand il satisfaisait à la commande, il considérait les toiles de lui qui sont exactement des portraits à la valeur de préparations à des tableaux d'ambiance, de mise en milieu, et malgré la sobriété extrême des accessoires, il entend qu'on considère ces travaux, la *Brodeuse*, l'*Atelier*, etc., ainsi que des tableaux d'intérieur dont la physionomie humaine est la dominante. Comme le portrait de Manet envoyé au Salon, comme l'eût été le *Coin de Table*, s'il eût été réalisé comme l'avait pensé Fantin, sous le titre d'*Anniversaire* et en hommage à Baudelaire, l'hommage à Delacroix procède d'une pensée et prenait, à son moment de création, la portée d'un acte. C'est à l'enterrement de Delacroix qu'il suivait avec Manet que Fantin eut l'idée de son tableau. Que voulait-il préciser en groupant autour de l'image de Delacroix, Whistler, Legros, Manet, Bracquemond, et s'il l'avait pu, Rossetti ? C'était souligner que l'influence picturale de Delacroix avait touché

Manet, Whistler, Legros et Bracquemond, des artistes au talent neuf, que Delacroix était l'aïeul de l'impressionnisme, que ce novateur était continué non par ses continuateurs à la lettre, les anecdotiers d'histoire, mais par ses continuateurs en esprit, ceux qui restaient fidèles à la tradition, en tâchant comme Delacroix de trouver à l'art des chemins nouveaux. L'idée d'inviter Rossetti est assez curieuse et n'y pourrait-on voir chez Fantin, l'évocateur de la *Féerie*, en même temps que l'illustrateur des grands musiciens, parallèlement à son parfait vérisme, l'idée de maintenir les droits de l'image, de l'évocation, du sujet, bref de la poésie dans la peinture.

La ferveur de Fantin pour Baudelaire, autant que la ferveur de Baudelaire pour Delacroix, explique la présence de Baudelaire. Elle est toute naturelle, indispensable ; celle de Champfleury l'est moins. Ce fut Duranty qui amena Champfleury, qui, en somme, avait souvent défendu la belle peinture.

L'*Atelier des Batignolles* a gardé aussi toute sa signification d'hommage à Manet. Fantin entoure Manet faisant le portrait de Zacharie Astruc qui si loin fut-il, comme producteur, de l'art neuf lui manifestait toute sa sympathie, de Renoir et de Monet, de Bazille, leur joint le critique le plus qualifié de Manet, Émile Zola, important aussi pour apporter là le parallélisme d'évocation d'une nouvelle école littéraire qui se déclarait des affinités, en plus des accointances personnelles, avec l'impressionnisme. Il y ajouta deux de ses amis, le peintre allemand Schölderer, et M. Edmond Maitre. Il y voulait placer aussi son ami Edwards.

Une lettre de lui, à ce sujet, est curieuse à citer parce qu'elle corrobore cette théorie que, dans ses séries de portraits, il a voulu donner l'impression de scènes d'intérieur, vivifiées de tout ce qu'il pouvait garder dans une œuvre immobile, des mouvements de la vie. Edwards devait arriver de voyage, être peint expressément à son arrivée, accourant de la gare pour s'associer à l'hommage à Manet. Fantin écrit à Edwards :

« Je suis tellement fatigué que cela (son tableau) ne me paraît jamais à la hauteur de mon idéal. Je ne puis guère vous donner une idée de ce que c'est. Il me semble que l'aspect est simple et sévère et que nulle part on ne verra l'effronterie. Lorsque les sottises d'aujourd'hui auront fait place à celles de l'avenir, que l'acharnement contre Manet aura disparu, on ne verra plus dans mon tableau qu'un intérieur d'atelier, un peintre faisant le portrait d'un ami, avec des amis autour. Je vous ai gardé, dans un coin, une place modeste. Vous représentez un artiste qui entre dans l'atelier, qui vient de l'étranger ; j'ai l'intention, si vous m'y autorisez, de vous mettre le chapeau de soie sur la tête, le mac-farlane ou le costume du voyageur. Cela rendrait bien l'intention d'exprimer un artiste qui entre dans l'atelier étant près du bord de la toile et d'une tapisserie portière. »

Edwards ne vint point. C'est Monet qui occupe son coin avec une autre disposition du thème.

Autour du piano, groupe des wagnériens autour d'Edmond Chabrier dont la musique n'était pas encore célèbre ; des musicographes, Adolphe Jullien et Camille Benoit, se juxtaposent à un jeune compositeur, Vincent d'Indy, au poète et critique d'art Amédée Pigeon, à Arthur Boisseau, à un dilettante notoire, Lascoux, qui facilita à Fantin ce voyage de Bayreuth qui devait si fort influer sur l'imagination de ses sujets. Ici, quoiqu'un peu militant d'intention, sourdement militant, c'est surtout un tableau d'intérieur qui nous fut donné, de nuance intellectuelle. Le véritable modèle qui pose là, c'est l'attention, dont Fantin a voulu saisir la nuance dans les faces et les regards de ses personnages. C'est un recueillement supérieur à celui des *Brodeuses*, mais de même sorte. Fantin avait refusé de placer dans son tableau César Franck et Charles Lamoureux ce qui eut été tendancieux plus qu'il ne le désirait.

Il n'est pas inutile de dire que, malgré son intention d'affirmation révolutionnaire, l'*Atelier des Batignolles* obtint au Salon une troisième médaille et mit Fantin hors concours. Fantin H. C. ! Le jury des récompenses avait été spirituel.

Fantin avait tenté un autre grand tableau de figures, le *Toast*, où figurait Whistler.

Il n'a point terminé ce tableau. Faut-il en chercher d'autres raisons que d'analogues à celle qu'indique un passage d'une de ses lettres citée par Adolphe Jullien. « Je n'ai jamais eu plus d'idées dans la tête et je suis obligé de faire des fleurs. En le faisant, je pense à Michel-Ange devant des pivoines et des roses ».

◘

Fantin est un des plus grands peintres de fleurs. On voit que ce ne fut pas absolument volontaire. La chronologie de son œuvre picturale est à cet égard curieuse. De 1864 à 1896 on trouve des années où il n'a guère peint que des fleurs. Le souci pressant de la vie matérielle le dominait et il ne pouvait confier ses rêves qu'au dessin et que répandre ce dessin par la lithographie. Ce grand imaginatif ne cèle point qu'il en souffrait.

Un bon hasard lui avait permis de trouver des amateurs en Angleterre, mais encore fallait-il que sa peinture fut de défaite facile.

Whistler est à la base de cette orientation partielle de Fantin, dont il demeure comme souvenir le portrait de Whistler par Fantin, pour le *Toast*, et un très curieux dessin de Whitsler, actuellement dans les cartons du Luxembourg et représentant Fantin, peignant dans son lit, un chapeau haut de forme sur la tête.

Les rapports d'amitié de Fantin et de Whistler sont antérieurs au Salon des refusés. Il n'y eut point que rapport d'amitié, mais influence esthétique. Roger Marx dit avec justesse, en parlant des tableaux de vie familiale de Fantin, de sa trouvaille d'une atmosphère si sobre, juste et simple, rabattant toute l'attention sur les modèles, et en somme élargissant le style du tableau de chevalet, « L'innovation ne passa pas inaperçue, et plus d'un,— Whistler notamment — d'en faire son profit. Entre les *Deux Sœurs* de Fantin et *Au Piano* de Whistler se constatent d'indéniables parités de conception, de mise en scène. Or le premier tableau est d'une année antérieur à l'autre et les deux débutants vivaient trop rapprochés pour supposer un instant l'œuvre de Fantin ignorée de son cadet en peinture. » L'influence de Fantin sur un moment de l'œuvre de Whistler paraît en effet certaine. Elle s'atténua avec le temps.

D'ailleurs leur franche camaraderie apparaît charmante. C'est Whistler qui met Fantin en raport avec Edwin Edwards, magistrat et graveur, qui se lia d'affection profonde avec Fantin et à un moment où toute peinture impressionniste française ou peinture d'artiste pactisant avec les impressionnistes, ne retenait jamais l'attention d'un amateur parisien, réussit à lui trouver des débouchés en Angleterre.

« Je fais toujours des natures mortes, dit Fantin, mais mon moi, que je découvre tous les jours, veut paraître. Plus maintenant d'essais d'enfant! Les esquisses que je faisais depuis longtemps, la *Féerie*, celle de *Tannhauser*, j'y reviens de jour en jour et je me représente avec le plus de réalité possible ces rêves, ces choses qui passent un moment sous les yeux. »

Ces natures-mortes s'en allaient en Angleterre.

C'est une éclaircie dans la vie de Fantin que ce voyage en Angleterre, auquel Whistler le convia en 1859. Whistler habitait à ce moment chez sa sœur Lady Haden, dont le mari Seymour Haden était un remarquable graveur. Fantin qui menait alors à Paris une vie très serrée de petit bourgeois, vivant dans sa famille, couchant dans une chambrette, rue Férou, laisse voir, dans ses lettres, sa satisfaction de vivre cette existence élégante et large, claire et à certains jours presque fastueuse qu'il trouvait à Sloane Street chez les Haden. On lui avait ménagé les meilleures relations parmi les amis de la maison et les artistes qui comptaient parmi les amitiés de Whistler et notamment avec Edwin Edwards. Comme Seymour Haden, Edwards, graveur comme lui, ne donnait à l'art qu'une partie de sa vie. Ces gens étaient riches. Haden avait acheté de la peinture à Alphonse Legros qui était du voyage avec Fantin. Seymour Haden acheta à Fantin un certain nombre de ses copies des *Noces de Cana*. Edwards acquit quelques toiles de Fantin. On lui faisait connaître la campagne anglaise. Il allait chez les Edwards à Sunbury. Il écoutait de la musique. C'était la première fois que Whistler était admis à exposer à la Royal Academy avec deux eaux-fortes qu'on avait placées, dit Pennell, le biographe de Whistler, « dans le petit salon octogone dit *cachot noir*, que l'on réservait aux graveurs. C'était cette année-là, à Londres, un Salon animé. On discutait la *Vallée du Repos*, une toile de Millais qui marquait sa séparation d'avec les Préraphaélites. Le bloc préraphaélite se désagrégeait non seulement de l'évolution de Millais, mais de celle de Rossetti et des artistes qui le suivaient. Fantin connut Rossetti auquel il avait songé pour lui faire place dans l'*Hommage à Delacroix*. Rossetti ne vint pas, mais à une autre occasion, à un passage de Rossetti à Paris, ce fut Fantin qui le pilota. Il lui montra ses tableaux. Il semble que Rossetti n'en ait pas apprécié toute la valeur et que n'y trouvant pas cette nette configuration des images qu'il pratiquait, il n'en comprit pas la finesse d'atmosphère.

Fantin connut à Londres divers peintres ou dessinateurs tels Charles Keene et Albert Moore, qui devait figurer à côté de lui dans un tableau que voulait peindre Whistler en s'inspirant de l'*Hommage à Delacroix*, ce qui est une preuve de plus de l'influence qu'exerçait alors Fantin sur Whistler. C'était aussi et surtout une réplique de politesse au *Toast*. Les choses allèrent d'ailleurs plus loin dans le parallélisme de leur destinée, car si le tableau de Whistler a été peint, il a été détruit comme le *Toast*, et de même qu'il ne subsiste du *Toast* que les trois portraits de Whistler, de Vollon et de Fantin, il ne demeure de l'*Atelier* de Whistler qu'une esquisse où ne figurent que Whistler et deux de ses modèles. Cette étude est actuellement au musée de Chicago, où est accroché aussi le portrait de *Manet* par Fantin. Ce tableau de Whistler devait avoir trois mètres sur un mètre quatre-vingts... Joë, le modèle de la jeune fille en blanc, était allongée sur un divan ; l'autre modèle, la Japonaise, devait se promener dans l'atelier ; elle était peinte en couleur chair, un livre japonais à la main. Whistler debout en gris pâle. Fantin et Albert Moore devaient être vêtus de noir pour le relief et la solidité de l'harmonie colorée.

L'influence de Fantin, au cours des années de jeunesse, est certaine. Il ne faut pas grossir les termes et considérer Whistler comme une création de Fantin. Whistler est un artiste plus multiple que Fantin. Quand ils se rencontrèrent au Louvre, plaçant l'un auprès de l'autre, leurs chevalets de copistes, Fantin trouvait Whistler déjà en possession de son dessin, déjà expert à dessiner avec la pointe, déjà muni de son étonnante diversité, de ce caprice qui le distingue parmi les maîtres ; mais le papillon fut charmé par la gravité du peintre français. Elle lui sembla impressionnante ; elle le fixa sur le moment. Il s'imprégna du vérisme de Fantin, et même au tard de sa vie, lorsqu'il enlève ses figures sur un fond gris simple, en maîtrisant son extraordinaire virtuosité, on peut admettre qu'il pense encore à la gravité, à la modestie et au sérieux de Fantin et à ce souci du peintre français de proportionner son œuvre à ses forces, de ne point jeter de la poudre aux yeux, ce qu'il appelait : peindre sans effronterie.

De cette amitié de Whistler qui avait donné à Fantin

l'amitié des Edwards, il résulta un bien pratique pour Fantin. Edwards se fit son courtier bénévole en Angleterre et lui trouva des amateurs pour ses petites toiles, fleurs ou natures-mortes.

Une autre amitié particulière de Fantin fut celle qui l'unit à Otto Schölderer, un peintre allemand qui vécut longtemps à Paris et que Fantin a tenu à placer dans l'*Hommage à Delacroix*. Je ne donnerai de cette liaison qu'un souvenir assez pittoresque et intéressant parce qu'il montre que ce scrupuleux Fantin, qui exigeait de longues séances des modèles de ses portraits et chez qui l'enthousiasme s'alliait à tant de méthode réfléchie, était fort capable d'improvisation.

Schölderer lui avait demandé de lui expédier en Allemagne des toiles et des cadres. Scholderer était peu soucieux de payer les droits dont la douane germanique frappait ces matériaux d'art. La douane était moins sévère pour l'art que pour les moyens de le créer. Elle ne taxait pas le tableau peint. Schölderer demanda alors à Fantin de jeter quelques esquisses sur les toiles qu'il lui faisait parvenir. Un de ces divertissements est le petit portrait de Legros, si suggestif et dans sa cursivité, si complet.

Environ deux cents lithographies précisent les admirations de Fantin pour les magiciens de la sonorité. Elles sont aussi pour Fantin, en dehors de quelques visions païennes, l'expression de sa révolte devant la mauvaise distribution de la gloire. La plupart du temps, elles constituent des hommages à des génies méconnus. Fantin n'est point polémiste. Il se garde de toute incursion dans la littérature. Dans ses lettres ses opinions s'expriment avec mesure et brièveté. La vibration n'est pas moins vive et c'est un peu en haine des Philistins de son temps qu'il consacre ses visions aux musiciens qui l'ont charmé. Le cartouche d'une vignette commémorative nous donne ses principales admirations musicales, Schumann, Berlioz, Wagner, Brahms. Faut-il en induire qu'il ignora Beethoven ? Certes non ! mais Beethoven n'est plus discuté.

Sans doute une communauté d'origine l'unit à Berlioz, le grand Dauphinois. Il est pour Berlioz un magnifique commentateur. Avant qu'il ait réalisé l'*Anniversaire*, cet hommage à Berlioz, actuellement au Musée de Grenoble, qu'il ait groupé autour de sa stèle funéraire près d'une Muse grave et triste, Didon, Marguerite et Juliette, il a décrit la *Scène du Bal* de la *Symphonie fantastique*. Il s'est refait à cette occasion, et sans doute au cours d'une brève et violente rêverie, le contemporain du jeune Berlioz amoureux, dédaigné, vibrant, dandy, Jeune-France, et si l'on voulait trouver la plus exacte évocation d'un Raphael de Valentin, on la découvrirait dans un jeune homme aux traits marqués de l'idéal romantique, traits accusés et geste retenu de l'amoureux que décrit Fantin, dans sa lithographie sur la *Scène du Bal*. Ne retrouverait-on pas, dans ces traits accusés, un peu de cet idéal de beauté marqué de douleur, que Baudelaire désigne dans la définition de son *beau*. C'est un des rares contacts des dessins de Fantin avec une réalité plastique. Berlioz déjà l'entraîne vers la légende. *Harold* apparaît en songeur avec les traits augustes d'un prophète. Il est certain que Fantin fut de ceux qui purent entendre et voir, en 1867, au Théâtre Lyrique, la *Prise de Troie* et les *Troyens à Carthage*. De la *Prise de Troie* il a gardé le souvenir et voulu réaliser l'image de l'apparition d'Hector à Énée. Il a donné deux versions de la légende. Dans l'une c'est un Énée dormant que le spectre d'Hector réveille. Dans l'autre, c'est un Énée méditatif dont la pensée semble se concréter : Énée ne dort pas. Il est assis. L'image d'Hector, spectrale, vague à dessein dans la première lithographie, est, dans la seconde, précise, comme d'un vivant.

Des *Troyens*, aussi, il a traduit l'éveil du départ pour l'Italie, avec un léger Mercure tombant du ciel pour frapper les boucliers près des vaisseaux et réveiller, d'un bruissement d'airain, les songes de conquête des marins endormis. Il a voulu transcrire le duo amoureux de Didon et d'Énée ; il y est revenu à plusieurs reprise, cherchant à modeler en face d'une Didon plus belle, un Énée plus épique. Son tempérament l'induit toutefois à inscrire Énée parmi les amants mélancoliques. Il n'arrive point à le spécialiser. Son Énée ressemble à ses héros wagnériens. Dans sa page sur le ballet des *Troyens*, on ne retrouve que ses légères flexions de corps harmonieux, la recherche de beauté svelte et gracieuse que donnent ses *Baigneuses* et autres dessins qui n'ont point pour thème un poème spécial. Il n'y a guère que dans le dessin où Mercure éveille les Troyens que l'on retrouve cette sorte de joie légère qui pénètre la musique des *Troyens* et dont on trouve la couleur dans cette phrase de Berlioz, qui donne juste la nuance d'une émotion de jeunesse, alors qu'il dit « En voyant un soir le soleil se coucher derrière le cap Misène pendant que du sublime paysage illustré par Virgile, semblaient surgir rajeunis, Énée, Iule, Latinus, Pallas, le bon Évandre, la résignée Lavinie, Amata, le malheureux Turnus, et tout le bataillon des héros aux panaches flottants dont le génie du poète a peuplé ces rivages... Les mots ne peuvent rendre l'effet d'un tel magnétisme de souvenirs, de poésie, de lumière, d'air pur, d'horizon rosé, de créations fantastiques. J'étais enivré. »

De l'*Enfance du Christ*, Fantin retiendra la scène adorable du Repos de la Sainte Famille et sous des nuées qui s'échevèlent comme des frondaisons douces, l'envol des anges apaisant le bruit de leurs ailes autour du sommeil de la Vierge. Dans la douceur d'harmonie des fonds, c'est un frémissement d'orchestre berliozien et comme un frisselis de flûtes.

De *Roméo et Juliette*, il illustre l'apparition de Juliette au balcon et l'admirable passage ou chante au-dessus du bruissement du jardin terrestre, l'innombrable jardin céleste des étoiles et tout le conseil d'amour qui flotte en parfums entre le ciel et la terre. Ici encore comme pour *Harold*, comme pour *Lélio*, ce sont les fonds qui donnent le ton de l'illustration, de l'évocation par la peinture de l'image du poète, de la transcription par le peintre du commentaire musical, de la trouvaille mélodique et de son ennuagement symphonique, du timbre sonore de la sensation, Son ambition ne va pas moins loin. Fantin pense interpréter le thème poétique aussi bien que ses sensations d'auditeur de musique. Il prétend traduire la vérité dramatique des personnages. Il les encadre de rêverie. S'il y a trace en son étude du décor de la ténuité du paysage chez Corot, s'il y a filiation dans cette recherche de légèreté dans la souplesse des arborescences, l'exécution de Fantin est personnelle. Elle trouve un de ses exemples les plus frappants dans le filet d'arabesques bleuâtres qui pare son tableau de la

Nuit (Musée du Luxembourg), dans cette interprétation des vibrations atténuées de l'esprit et de l'atmosphère qui rend si belle l'apparition de cette fée du silence, de cette reine des espaces muets qu'incarne Fantin.

C'est cette subtilité d'ambiance, cette intensité à créer une marge de rêverie qui donne leur charme aux interprétations d'Harold ou de Lélio. Fantin est plus précis dans la *fonte* du Persée, ou dans le parc italien où résonne le duo de Béatrice et Bénédict, moins dans son dessin sur la *Damnation de Faust ;* mais toujours il y a évocation du rêve de douceur et de l'âme tourmentée du musicien qu'il interprète.

L'illustration wagnérienne est plus nombreuse. On pourrait dire que le style de Fantin y est plus riche et plus nourri et considérer aussi que, dans ses transcriptions des beautés musicales, il prend soin de figurer particulièrement le génie de chaque compositeur et d'essayer de le faire comprendre.

Tâche assez ardue ! Et au premier abord, à une revision rapide de la collection de ses lithographies, il peut apparaître que son système de décoration et d'évocation n'est pas très varié, qu'il s'agit là d'un groupement toujours heureux, mais régulier dans de pareilles ordonnances de nus, de mages, d'ondines, sur des fonds frissonnants de paysages d'une souplesse plus divisée et plus ductile encore que celle de Corot.

Mais à l'étude plus sérieuse, passée la similarité que la forte personnalité de Fantin imprime à toutes ses œuvres, la diversité est abondante et le contraste absolu entre des notations telles que le *Bal* entrevu pour la symphonie de Berlioz, d'une imprécision graduée vers le fond, opposée à la netteté du premier plan, au halo de verdure et de nuit qui encadre les méditations de Tannhauser ou de Wolfram. Pour figurer les scènes, pour lui synthétiques, des œuvres qu'il veut représenter et qu'il semble choisir plus pour leur importance sentimentale que pour les suggestions plastiques qu'elles peuvent fournir, il s'y prend (sans compter les croquis et les tâtonnements dont les traces sont détruites) à deux et trois fois.

Lors de l'échec du *Tannhauser* à Paris, il s'est hâté de jeter sur le papier un dessin du Venusberg. Son interprétation en est belle. C'est un Tannhauser majestueux, qui semble trôner au fond de son rêve à côté d'une Vénus puissante et mélancolique, de beauté grave et brune, d'appel plus cérébral encore que physique. S'il a repris le sujet, ce n'a pas été pour varier ces figures qui semblent s'être imposées à lui du premier coup, mais pour modifier et assouplir la guirlande de nymphes qu'il a jetée autour d'elles dans cette atmosphère vaporeuse, propre à ses lithographies et déjà trouvée pour sa *Féerie*.

Il s'est également repris au thème de l'*Etoile du Soir*, plaçant d'abord Wolfram dans un décor vide et une nuit fuligineuse, puis précisant la rêverie de Wolfram en une apparition blonde et fluide d'Élisabeth, projetée en rêverie.

Dans *Lohengrin*, qui suivit, il a choisi le prélude et c'est en accord avec les harmonies cristallines du musicien qu'il évoque en parallèle ou paraphrase au commentaire de Baudelaire, l'ascension du Graal porté par les anges. Puis il a songé au duo de Lohengrin, au grand duo d'amour, et là il a trouvé cet écueil de la ressemblance de tous les duos d'amour et n'a pu spécialiser, pas plus que dans la planche qui figure *Rienzi* en prière il n'a pu donner qu'une belle vignette d'illustration. Pour le *Vaisseau fantôme* il a davantage réussi par la majesté des statures et l'ampleur du geste d'amour, la force de blottissement et d'abandon de tout le corps de Senta contre celui du Hollandais à figurer l'ascension finale des deux amants vers le ciel et le néant. Tristan ne lui donne que l'appel dans la nuit ; les *Maîtres Chanteurs* que la rencontre d'Eve et de Walther ; *Parsifal* la scène d'évocation de Kundry par Klingsor. Ici il se reprend à trois fois, variant chaque fois sa conception. Dans l'une des planches c'est Klingsor qui compte et son geste ou plutôt son allure de volonté calme. Aux deux autres planches, Klingsor simplifié et résumé, c'est Kundry qui le préoccupe davantage et son geste. Dans l'une la soumission, la volonté de servir, dans l'autre une rebellion de l'être physique tend le corps de la femme violentée dans sa volonté par le pouvoir du magicien. Parsifal s'avance parmi les filles-fleurs, simple scène de ballet.

Mais la Tétralogie le sollicite ; il a débuté par les harmonieux méandres et les torsions de corps, les coquetteries et les souplesses des *Filles du Rhin.* Ici il se trouve dans l'atmosphère naturelle de ses lithos sans sujet littéraire, qui représentent des ondines nageant (il en existe une d'une singulière souplesse et d'une dévotion parfaite au rythme du corps et à la joie de la chair et d'autres lithos, purement descriptives, des baigneuses, des nymphes), puis il aborde le cœur du sujet, et voici la montée des Dieux au Walhalla avec une Freia d'un éblouissant modelé, véritable déesse de la jeunesse, Aphrodite victorieuse au-dessus des nixes, des *Filles du Rhin,* jetées comme une arpège de harpe au premier plan du tableau. La litho et le tableau, conçu sur le même sujet, ont leur défaut. Les éléments en sont trop ramassés, la dimension du tableau est restreinte. Le merveilleux n'y joue pas à son aise.

Siegfried parle aux filles du Rhin et les quitte. Difficulté pour le peintre, de représenter le jeune géant, lui aussi Rein Thor, dont la psychologie chez Wagner ne se précise qu'à mesure du déroulement du drame. Aussi ce Siegfried n'est qu'esquissé ; c'est un mouvement que Fantin donne, un départ victorieux de grand errant, sonnant dans son cor, appelant à lui toutes les rencontres du monde. La face du héros n'est pas formulée.

Fantis est plus à son aise dans la transcription du premier acte de la *Walküre.* Il y est revenu plusieurs fois, le fond arrêté judicieusement en cabane exiguë, le glaive enfoncé dans le pilier, modifiant l'inflexion de Sieglinde vers Siegmund, sans la trouver assez juste, assez aimante, en même temps que purement hospitalière et pitoyable à l'inconnu en détresse qui se présente à son seuil. Il silhouette le Wotan au chapeau traditionnel dans ses adieux à Brunehilde et dans l'évocation d'Erda. Pour Erda aussi, il s'est repris à plusieurs fois, ne s'arrêtant pas à la première image qu'il a trouvée de cette personnification de la destinée, la cherchant mystérieuse, puis désolée et douloureuse, énigmatique, voilée ou sentant tout le poids des vérités qu'elle décèle. Il a aussi donné la marche triomphale des Dieux vers le Walhalla et en correspondance le finale du *Crépuscule des Dieux* et de la légende.

◘

Il raconte que Champfleury l'appelait le *Schumanniste* « et ce nom me resta », dit-il. Schumann lui a pourtant donné moins de pages que Wagner. La *Fée des Alpes*, une apparition de blancheur radieuse, un corps de femme cherché dans le joli, l'éblouissement d'apparition accusé par les noirs du paysage montagneux, par les noirs du costume et de la stature de Manfred, un scintillement blanc qui vient lutter avec le ruissellement de clartés cristallines de l'orchestre de Schumann, lors de l'apparition de la fée.

Dans le même contraste de blanc et de noir, Manfred et Astarté, la Peri, et une large page sur la mélodie de Schumann, *Mondnacht*, où il semble avoir voulu traduire surtout l'atmosphère schumanienne, une ambiance mystérieuse d'une nature émue et sacrifiée, comme l'humanité, autour d'un rêveur déjà vieillissant, aux yeux mélancoliques, à la fois robuste et un peu las, et qui songe à des idées philosophiques en voyant des sveltes formes de femmes ou de fées, éclairer la nuit et la rendre laiteuse du reflet de leur beauté nue.

Quelques pages aussi sur les poèmes d'amour de Brahms. Et aussi souvenir de jeunesse, du voyage à Londres où il entendit beaucoup de musique diverse, des images à propos du Moïse et de la Sémiramide de Rossini et du Rinaldo de Hændel, moins caractéristiques que ses dessins berlioziens, schumannistes ou wagnériens.

N'y a-t-il pas lieu de s'étonner qu'ainsi désireux de donner une forme plastique au rêve des musiciens, il n'ait pas trouvé parmi les musiciens de la jeune école matière à transposition. Il est impossible qu'il n'ait pas éprouvé d'émotion puissante de par César Franck ou d'Indy ou Saint-Saens et tant d'autre musique qu'il entendit au concert ou le soir chez son ami Edmond Maitre où longtemps il fréquenta quotidiennement et où certainement il dut entendre des œuvres de Franck et des œuvres de Franckistes. Peut-être jugeait-il suffisant de lutter avec quelques grands rêves du passé. Peut-être aussi la raison de cette abstention est-elle du même ordre que celles qui mirent entre la demi-douzaine de dessins qu'il fit d'abord sur la plastique musicale et leur suite nombreuse, un intervalle d'une quinzaine d'années, les années de peintures de fleurs. Gêne, nécessité de produire pour la vie matérielle et parce qu'il ne faisait aucune concession comme peintre et exécutant, se mettre au moins de plain-pied, par le sujet, avec son rare public !

Un certain nombre de sujets qu'il a traités par le dessin, il les a repris avec le prestige de la couleur et le format du tableau ; il leur a conféré une magie de plus. Mais les nombreuses lithographies, à elles seules, constituent un ensemble du plus bel intérêt.

⊡

La littérature n'y prend point de place. Il n'essaie point de transposer les œuvres du poète qu'il aime le mieux, Baudelaire par exemple, mais on trouve deux recherches pour *Sarah la Baigneuse,* dont la réalisation picturale est au Musée Victor Hugo, et c'est sans doute à cet effet et sur demande qu'il se préoccupa de ce sujet et fit ces deux dessins, l'un : la baigneuse, presque debout, accotée plutôt qu'assise à son escarpolette et frôlant d'un pied l'eau tranquille, l'autre assise et se balançant mollement. C'est là une des plus pures parmi les formes féminines qu'a évoquées Fantin.

Quand il dessine sans sujet littéraire ou musical pour la lithographie ce sont des baigneuses, des Grâces, c'est surtout cette admirable *ondine*, si légère, si harmonieuse, d'une si belle volute de corps, d'un art purement classique, qu'il retrouvera en fin de vie, dans son art d'illustrateur quand il commente pour l'éditeur Meunier et la traduction de José Maria de Heredia les textes virgiliens.

Autres dessins : *la Brodeuse, Edwards jouant de la flûte auprès de sa femme au piano*, et des reproductions de ses œuvres picturales.

◘

Les lithographes ne considéraient pas Fantin comme un des leurs et Fantin, en retour, se piquait de n'être point lithographe. C'est pourquoi, pour cet ensemble d'évocations, le mot dessin nous a paru plus juste. Ce n'est point qu'il n'ait manié le crayon lithographique et lorsque l'éditeur Cadart qui connaissait son goût d'alors (1861) pour l'eau-forte et voulait tenter un essai de rénovation de lithographies, envoya des pierres à quelques artistes avec prière de les couvrir, Fantin fut du petit groupe d'appelés avec Manet, Ribot, Bracquemond et Legros. Mais parmi ses lithographies, sauf les premières, très peu ont été tracées sur la pierre. Il dessine sur papier de report ou papier calque. Ses lithographies sont en général tirées à deux épreuves, la première qui donne le dessin après le report sur pierre, la deuxième après les retouches sur la pierre. Par exception, pour des lithographies destinées à des publications, il va à quatre états.

Cette particularité de Fantin d'être s'il le veut un imaginatif et un novateur et parallèlement de se démontrer le plus minutieux des véristes, lui est toute spéciale dans l'art de son temps. Il ne le doit à aucun des maîtres qu'il étudia, le pinceau à la main, et en créant des copies ou des adaptations. Il ne le doit à aucun de ses contemporains et de ses amis, submergés de réalisme, au point que l'opinion du clan lui impose Champfleury comme le protagoniste de l'*Hommage à Delacroix*. S'il doit à quelqu'un, c'est à Delacroix dont il a vénéré l'imagination, dont il a compris la supériorité d'intelligence et de création sur les bons peintres qui faisaient honnêtement leur métier, tandis que Delacroix ouvrait des fenêtres sur les jardins du rêve. Il le doit à sa mélomanie surtout, à une ouverture d'esprit sur un autre art. Comme Baudelaire, il s'embarque sur la musique et ce lui est une source d'images. Le livre d'Adolphe Jullien est sur les habitudes de dilettante de Fantin, singulièrement révélateur. Il y a eu la bonne fortune de Lascoux, arrivant soudainement avec un billet de Bayreuth et provoquant ce voyage qui a été une fête d'art pour Fantin, un exode hors de Paris où il est resté toute sa vie, enfermé, sauf quelques voyages à Buré, en Normandie, dans une petite propriété appartenant à Mme Fantin-Latour. Il n'y peignait d'ailleurs point de paysages, pas plus qu'il n'a rapporté du paysage Bayreuthien la moindre note. Le paysage chez lui vient par écho, en fond, en atmosphère, une corolle à l'évocation, Le paysage pur serait pour lui du commerce, comme la nature-morte et le tableau de fleurs, quelque soin et quelque perfection que sa conscience d'artiste et sa probité vis-à-vis de l'amateur, lui commandent d'y apporter. Mais lorsqu'il est placé en face d'une commande de portrait, ou qu'il peint un portrait pour son plaisir, il se retrouve sur ce terrain en quelque sorte musical qui lui est propre. Il crée une harmonie sobre.

Sur ce point, il a quelque peu varié, il y a eu évolution. Il souhaite à un moment de ne mettre aucun mouvement dans ses portraits simples ou doubles, de pouvoir donner toute son attention au pli des étoffes, au mouvement des mains, à une attitude. Il y met le temps qu'il faut, car il attend beaucoup de la patience. Le portrait de M. Adolphe Jullien lui coûte trente séances, longues, coupées d'une tasse de thé vers les trois heures, et de propos esthétiques. La finesse d'observation est chez lui très aiguë et sa volonté du rendu étonnante. Il est tel portrait d'homme de lui, portrait d'homme grisonnant, à cheveux presque ras. Les pointes de ce gazon capillaire s'argentent, la base est encore châtaine. Fantin le rend. Mais il semble que s'il a la conception du portrait, vraiment portrait, scrupuleux rendu de l'effigie, de la nuance de peau, du modelé, de l'expression, s'il a longtemps le désir du portrait exact et la puissance de le fournir à la commande, il a voulu aussi en complément à ses portraits de groupe, poètes, peintres, musiciens, élever le portrait à la scène d'intérieur.

Ici, un rapprochement s'évoque qui ne va ni vers Rubens ou Van Dyck, Titien ou Véronèse, non plus vers Rembrandt, Hals ou Van der Helst, à qui il a pu songer pour ses portraits corporatifs, mais avec Vermeer de Delft. L'a-t-il vu en Hollande ? Il a pu le regarder à Paris. Le soin d'isolement, sur un fond si sobre, de ses brodeuses, de ses liseuses, de ses proches saisis, non tant en un geste qu'en une notation d'immobilité familière, cette précision de modelé qui généralise par l'observation et la mise en place du moindre détail, le rapprochent de Vermeer de Delft et à tel point que, étant donné que Fantin n'en a point fait de copie et ne l'a connu que par un nombre restreint de tableaux, on serait porté à conclure à une affinité intellectuelle, à une ressemblance d'esprit, et considérer que si certains critiques ont raison d'attribuer une immense influence sur Fantin à tous les peintres dont il a, par goût ou pour vivre, exécuté des copies, il faut bien lui admettre quelque chose de commun avec le peintre du passé auquel il ressemble le plus. Il est une manière de Vermeer avec une égale précision et en surplus la puissance de rêve et d'évocation. Et puis entre les grands Hollandais et lui, il s'est passé Delacroix.

▣

Qu'il ait été exigeant pour ses portraits, exigeant vis-à-vis de lui-même, c'est certain. Les signes de modestie excessive sont fréquents chez Fantin. Ses amis anglais lui ont trouvé des portraits dans la famille Fitz-James. Il en fait quatre : un portrait de dame, deux de jeunes gens, un portrait double de deux demoiselles de la famille. Cette tribu des Fitz-James est très nombreuse. On songe à réunir, on réunit devant le portraitiste, à côté de l'aïeule, quinze jouvenceaux ou enfantelets de la famille. Fantin groupe, esquisse (il reste de ce travail un dessin puissant, remarquable par l'harmonie de la mise en place), puis décline la commande. Il ne se sent pas assez prêt. Il avait déjà fait le *Toast*, et l'avait, de même, sacrifié. C'était trois ans avant qu'il exposât l'*Atelier aux Batignolles*, dont le groupement de figures est si clair et si symphonique. Excès de scrupule, certes des plus rares et des plus honorables, mais excès.

Le portrait, il en a appris l'art devant sa glace. Ses autoportraits sont nombreux. Il en fait un en 1853, un en 1856, y revient en 1857, en exécute trois en 1858, deux en 1860, un en 1862, puis s'arrête dans cette voie. Il se peint le plus souvent en manches de chemise, au travail.

Avec un artiste d'une telle simplicité de caractère, et aussi purement mental, il ne peut être question de narcissisme. Mais ces longues et nombreuses poses, si propices à un travail méthodiquement acharné, il n'est pas toujours facile de les obtenir d'un modèle, d'un ami. Fantin pose et devient son propre sujet d'études. Il est si difficile vis-à-vis de lui-même que lorsqu'il expose en 1861 le portrait du peintre anglais Ridley, il ne le présente point comme un portrait, mais comme une étude d'après nature. Ce portrait d'homme aux yeux baissés est d'ailleurs une des plus fortes études qu'on ait données sur la méditation.

Les anecdotes dans la vie de Fantin sont si rares qu'on en peut donner une qui a trait à un de ses portraits, celui de Mlle Marguerite de Biron (peint en 1868).

Le portrait est fait, livré. La famille de Biron songe à le juxtaposer à une antérieure série de portraits de famille. Ces portraits ont été, tour à tour, encadrés de la même façon ; ce sont des ovales. Le tableau de Fantin est rectangulaire. Qu'à cela ne tienne. Des ciseaux ! le portrait devient ovale ! Pas sans sacrifice. Les mains tombent et la signature. Fantin l'ignora longtemps, mais la gloire lui venant, la famille qui ne regrettait pas les mains, désira un renouveau de la signature. On apporta donc à Fantin son œuvre mutilée pour qu'il la signât de nouveau. Et Fantin y consentit d'abord parce qu'il était surpris et aussi parce que c'était une bonne âme.

Sa série de portraits est nombreuse, portraits d'amis, le Manet (de 1867) qui est au musée de Chicago, un surgissement de tout l'homme et de tout le caractère primesautier et décidé, dont la seule reproduction est émouvante, pour les rares vivants qui ont encore connu ou aperçu Manet : Manet debout, chapeau haut-de-forme, planté bien droit, l'aspect combatif, bien plus combatif et décidé que le Manet contemplatif et travaillant de l'*Atelier des Batignolles.* Il tient sa badine horizontale, on dirait comme une arme, n'était la douceur du regard.

Portrait d'Alphonse Legros, un Legros tel que l'a vu Lecocq de Boisbaudran et les amis de jeunesse, Solon et Cuisin ; un Legros d'avant l'*Hommage à Delacroix,* où il apparaît, la figure pleine dans la grosse barbe noire, et un aspect de mage tranquille, un Legros, au petit chapeau de feutre, réduit et cabossé, mais là-dessous, un profil énergique et maigre, la joue creuse, l'œil vaillant, avec un peu, dans le regard l'expression de Renoir jeune de l'*Atelier des Batignolles.*

Un Baudelaire admirable, sensuel, mystique et nuageux. Les lignes se corroborent au témoignage du dessin deManet, de Baudelaire vieilli, C'est avant la maladie définitive, au plus gros temps de l'insuccès.

Jamais Baudelaire n'a été si malheureux. Il ne place pas ses travaux, il a trop d'âge et de gloire, ou plutôt d'échos dans l'élite, pour chercher à placer de la copie. Mais, les jeunes admirations qui lui ont renvoyé l'image de son génie l'ont plutôt réconforté. Il y a dans le regard, pourtant si aigu et encore chercheur, un fond de certitude tranquille. Les lignes sont molles aux joues, fermes au front et au menton. Il est enveloppé d'une atmosphère douce, on dirait à vibrations lentes ; il est peint respectueusement. Carrière a fait attention à cette façon presque mystérieuse de nimber un portrait. Encore que Fantin ne reconnut pas Carrière, comme de sa postérité, il y a quelques points communs entre les deux peintres. Ce *Baudelaire* de Fantin complète le *Baudelaire* de Courbet ; il est aussi vrai, mais d'un autre moment de la vie, vers le crépuscule.

Portrait de Whistler (pour le *Toast*), maigre, crespelé, le cou nu, en robe chinoise, un Whistler vrai, frémissant, avec ce qu'il fallait d'extériorité pour le représenter dans son intelligence, sa faconde, son maniérisme, et son dandysme à houlette.

Portrait d'Adolphe Jullien, portrait d'Emile Blémont, à la date de son joli poème de la *Ronde des mois* et on pourrait ajouter à cette série toutes ces vivantes effigies des portraits corporatifs.

Ce Verlaine maigre, contenu, fonctionnaire et saturnien, habillé de noir, aux raideurs de bois, du *Coin de table*, le Rimbaud, si puissant, si révélateur, ce d'Hervilly, rapin, qui dénote tant d'observation réticente et souriante de la part de Fantin, ce Pelletan hirsute et affalé, ce fin Valade, cet indifférent Aicard, et dans l'*Hommage à Delacroix*, ce solennel et banal Champfleury, ce Whistler cambré, en représentation, et Chabrier rondelet et d'Indy, aigu, maigre, martelé.

A côté des portraits d'amis, comme celui de M. Maître, comme celui d'Edwin Edwards, les portraits de commande M. Petitdidier, M. Becker et de nombreux portraits de femmes, dont sans doute le plus puissant, le plus extraordinaire est celui de Mme Fantin-Latour, souvent repris, représenté, retravaillé.

Tout à fait libre et quand, dans sa seconde phase, il élève le portrait à la scène d'intérieur, reprenant la tradition des grands Hollandais et fidèle à leur suggestion, arrangeant le modèle à sa guise, Fantin l'habille toujours avec simplicité et ne rompt jamais par des détails de toilette l'attention qu'il conquerra par l'expression de la physionomie et de l'attitude. A la commande, il se résout à traduire des élégances, mais très sobres. Il n'est guère que le portrait de Mme Maître, représentée de profil, les traits nobles et jolis, sous un léger chignon légèrement entorsadé, où il accepte de se servir du décolleté et de la beauté des épaules. Piétisme? Non ! Fantin est un amoureux de la beauté féminine et du nu (voir l'*Ondine*, la *Nuit*, les *Baigneuses*, l'*Andromède*, la *Vénus Anadyomène* et tant d'autres pages). Le nu féminin, il y revient sans cesse, avec piété, douceur, recueillement frémissant, pudeur et une sorte de passion extatique. Mais la toilette moderne ne l'attire pas.

Il est à noter que ce qui l'a séparé de l'impressionnisme c'est la partie naturaliste de l'esthétique impressionniste. Quand il démolit le *Toast* en n'en gardant que les portraits de Whistler, de Vollon et le sien propre, il obéit surtout à une préoccupation esthétique. Il a été tenté par la théorie des Goncourt, sur le mélange, propice au peintre, du nu et de l'habillé dans une scène moderne, de façon à permettre au peintre d'être vériste et tout de même de garder, des traditions de la peinture, l'habitude de traduire la beauté du nu. Pour corroborer cette théorie, Goncourt donne comme sujet à son *Coriolis* (de Manette Salomon) un conseil de révision. Dans le même sens, Seurat débutera par une *Baignade*, en Seine.

C'est sans doute un essai dans ce sens que ce *Toast* où Whistler en robe chinoise, Vollon et autres en costumes d'atelier portent un toast à la Vérité nue. Mais Fantin s'en dégoûte parce qu'il ne trouve pas là l'unité qui convient à un tableau, qu'il y a mélange de style et à son gré, faux brillant. Donc d'un côté, l'évocation, d'un autre le moderne, le moderne tel que le donne la vie de tous les jours. Fantin peint des milieux bourgeois. Il aspire à peindre totalement la vie bourgeoise ; il y met même une sorte de jansénisme de la couleur, mais il est là dans sa note de timide, ou plutôt d'homme logique, qui ne craint rien tant, qu'un éclat dépareillé dans le discours ou la tenue.

En conséquence quand il peint des portraits mondains il laisse le moins de place possible à l'éclat, au faste, à la coquetterie. Des attitudes simples, des toilettes seyantes et calmes ; pas d'accessoires brillants, un guéridon, un tapis de couleur, un vase à fleurs, ou plutôt un verre élancé avec des roses blanches, un fond gris. Les portraits si vibrants d'attitude, si émouvants dans leur simplicité de Mme Eva Callimaki-Catargi, de Mme Louise Riesener, de Mme Crowe, de Mlle Sonia Yanowski (le plus rapproché de la mode avec le chapeau à plumes et le front frangé de cheveux courts), sont des peintures graves, presqu'autant que les portraits de ses sœurs.

Dans ces transcriptions de portraits, il s'est volontairement assagi, volontairement il a renoncé à l'ornement coloré. Il a pris sur sa nature, par volonté d'unité.

Il y avait chez Jean Dolent, un petit tableau de jeunesse de Fantin. C'était une étude d'après une jeune femme au piano : harmonieuse et juste flexion des épaules, profil perdu cherché dans les blancs nacrés, épaisse chevelure noire où était piquée la pourpre d'une rose, et cette rose, complaisamment décrite et sertie de l'ébène de la chevelure. Ce tableau est demeuré à peu près isolé dans l'œuvre de Fantin. Il a jugé, sans doute, qu'un détail trop en relief nuisait à l'ensemble, qu'il avait l'air, lui, Fantin, de chercher le joli. Il est rentré pour ses portraits et ses scènes d'intérieur, dans les noirs mats et les gris. Aurait-il. en fin de vie, donné à Manet, comme en 67, un pantalon de couleur? La passion de l'unité le conquiert.

Mais aussi quelle vie simple et prodigieuse dans ces intérieurs composés dont il prend les thèmes et les modèles chez lui et chez les siens. Dès 58, il y est prêt avec la toile, actuellement au Musée d'Anvers, qui le contient, palette à la main, auprès de ses deux sœurs assises. Puis il juge que sa présence sur la toile est inutile, nuit à ce grand aspect de calme, de rêverie extériorisée et solidifiée qu'il recherche. En 59, après qu'il a remanié ce triple portrait, il présente une vision de ses deux sœurs, en costume très simple, petit col blanc, bandeaux lisses ; l'une lit, l'autre arrête un instant son travail, la main quiète, sur le bord du métier à tapisserie. Il a trouvé sa voie sur ce point, créé cet art extraordinaire de traduire la vie silencieuse.

Fantin atteint peut-être le plus haut point de cette puissance de rendu, de ce surgissement tranquille de vie qui est la vie même, dans le tableau où il a groupé les membres de la famille de Mme Fantin-Latour, la famille Dubourg. M. et Mme Dubourg sont assis, Mme Fantin-Latour semble prendre congé. Elle boutonne son gant. Elle est vêtue d'une de ces toilettes strictes, chères à Fantin. Derrière le fauteuil de Mme Dubourg, debout, une sœur de Mme Fantin-Latour. Rien de plus simple de lignes, rien de plus puissant de vérité. Il y a là une synthèse de la famille bourgeoise de ce temps, de son calme avisé, de sa prudence, de sa rectitude. Il faudra attendre le *Soir de la Vie* de J.-F. Raffaëlli pour trouver une aussi puissante transcription de la bourgeoisie actuelle. Celle de Fantin date bien de son temps. On croirait que derrière ce mur gris paré de quelques tableaux, certainement un de Fantin et des fleurs de Mme Fantin-Latour (qui garde aux Salons son nom de jeune fille et expose avec distinction) c'est le bruissement frêle et trotte-menu des petites rues d'alors autour de St-Germain-des-Prés, de la rue Taranne et de la place Gozlin, près la rue Madame et la rue Cassette. Fantin arrive ici à être le miroir même des choses et des êtres et si je le rapproche de Raffaëlli, c'est pour trouver chez l'un et l'autre, les mêmes qualités de vérisme, dans une expression différente de la ligne et un souci tout autre des harmonies.

On rencontre la même exactitude du geste dans le portrait de Mme Fantin, un peu renversée sur sa chaise, le svelte verre à fleurs sous les yeux, le pinceau à la main, jaugeant du regard les proportions du bouquet et celle de la toile, instantané puissant, revêtu d'une intimité émouvante et quasi sacerdotale.

Les Edwards lui ont fourni le thème de pages admirables. Est-ce pour cela qu'Anatole France proposait de l'appeler « le peintre de l'amitié » et quelle puissance à diversifier Edwards d'après le sentiment qui l'anime. Ici le voici jouant de la flûte accompagné au piano par sa femme. Ils se donnent la joie de s'écouter dans un arrangement de Schumann et le profil d'Edwards est tendu d'attention émue. Dans un tableau, Edwards regarde des estampes ; le masque est différent, rayonne d'une autre nuance d'attention, de joie sans responsabilité. C'est une belle œuvre autant que l'eau-forte où Edwards est représenté jouant de la flûte.

Cette interprétation des gestes simples de la vie, il la retrouve dans le portrait de Mme Lerolle. C'est de ceux qu'il a peint, celui où la toilette féminine est la plus haussée à l'élégance ; le corsage un peu échancré est orné de dentelle, mais cohérent avec la finesse du masque et un caractère de réserve bien indiqué et non appuyé. Mme Lerolle, dont une main arrange la dentelle de son corsage, se prépare de l'autre main à joindre une touffe de fleurs, à celles qui, devant elle, jaillissent déjà de ce grand verre élancé, familier à Fantin. Aussi élégant, plus mondain, le portrait de Mme Gravier, assise dans un fauteuil avec une écharpe sombre sur la robe claire.

Le portrait de Mlle Dubourg touche par sa sérénité aux tableaux d'intérieur. Les modèles des portraits se retrouvent utilisés en personnages ; ainsi dans le tableau qu'il dénomme l'*Atelier* auquel il a donné aussi, comme titre *La Leçon de dessin.* Mlle Riesener et Mlle Callimaki-Catargi, l'une assise, l'autre debout, se préparent à copier un plâtre grec. L'effort de Fantin tend à noter leur nuance d'attention et la justesse d'observation ; la joliesse des attitudes concourent à la beauté de cette évocation de vie intellectuelle. Le Musée d'Anvers possède les *Deux sœurs assises*, le Musée de Lyon, la *Lecture*, autant d'œuvres parfaites d'équilibre, de calme et de profondeur.

Les contemporains ont mis du temps à comprendre ; la critique ordinaire, étonnée de cette précision du geste, choisi parmi les plus simples et de cette sorte de silence de ces toiles, dû au contraste de la nudité des fonds et du modelé achevé des figures, parle de figurants empaillés, de personnes conservées sous verre dans un aquarium.

Devant les tableaux corporatifs, la caricature s'en donne à cœur joie. L'habitude s'est perdue du petit divertissement que soumettaient jadis, annuellement à leurs lecteurs, le *Charivari* et le *Journal amusant*. Il n'y avait qu'un Salon (et jusqu'à 1861, ce Salon n'ouvrait que tous les deux ans). La multiplicité de nos Salons a tué ce jeu de caricatures. A peine en demeure-t-il une trace, dans les plaisanteries d'échotiers, paroles sans images. Mais longtemps, sous le Second Empire et la Troisième République, les triomphateurs du Salon furent accompagnés de ces esclaves joueurs de sifflet, Cham, Stop, Bertall et autres d'encore moindre qualité, et quelquefois un artiste d'un plan plus élevé tel André Gill.

Gill caricatura l'*Hommage à Delacroix :* dessin élémentaire, déformation quelconque des personnages de Fantin. Mais il visa surtout la mentalité du tableau, et il accusa Fantin, ce modèle des timides, de mégalomanie. Il infligea au tableau cette parodie de titre : Moi, Delacroix et mes amis autour.

Stop qui dut être, comme tout bon joyeux du crayon ou de la plume, un misonéiste devant la littérature appelle le *Coin de Table* « un repas de singes ». Simiesques, Verlaine, Blémont et surtout Pelletan. Simiesque, Elzéar Bonnier au fin profil, et celui-là tandis que les autres sont énormément chevelus, est présenté grignotant quelque biscuit, la tête couverte d'un petit shako de chien savant.

De Stop, la parodie d'*Autour du piano*. Tous les personnages ont la face sigillée d'un grand O qui veut être une bouche ; parodie du titre : *Le Grand De Profundis*, du maestro Chabrier, chanté par MM. S. T. U. V. X. Y. Z.

Un autre entoure d'auréoles les têtes considérablement enlaidies des personnages de la famille Dubourg.

Tout cela est-il très hostile ? c'est plutôt de la méconnaissance. Les caricaturistes devaient trouver obligatoirement une occasion de rire ou de sourire. Fantin était le plus mauvais thème à ce genre d'exercices. Ils égratignaient comme ils pouvaient.

Cela n'ébranlait guère la déférence dont Fantin était entouré de la part du public. Déférence plus qu'admiration, sauf dans le petit groupe d'amis qui connaissait toute sa valeur.

La raison : Fantin n'était pas en dehors ! Personne de moins théâtral. Il n'est pas non plus révolutionnaire d'aspect. Dans le fond, il l'est au même point que ses amis de l'impressionisme. Mais il continue à aller au Salon ; il a des médailles. Il ne connaît ni les détresses ni les éclats de gloire mesurés à leur insuccès près des marchands et des amateurs et qui passionnent la jeunesse autour d'un Degas, d'un Monet, d'un Pissaro.

Puis, très entier dans ses volontés d'art, Fantin subit l'emprise de la vie. Durant de longues années il interrompt la série de ses dessins d'évocation et de ses scènes d'intérieurs. Il est presqu'exclusivement un peintre de fleurs. Il faut vivre. Le nombre de ses tableaux de fleurs dépasse huit cents.

Sa vie est pourtant prudente et réduite. L'atelier de la rue des Beaux-Arts est tout juste spacieux. C'est dans un décor des plus simples qu'on le voit, veston et pantalon gris, l'abat-jour vert sur les yeux. Lui, passionné de musique, se refuse l'Opéra et les grands concerts. Ce qu'il entend de musique c'est surtout chez son ami Maître, au piano : Tandis qu'il fume force cigares et cigarettes, il voit dans les brumes bleues de sa fumée s'ébaucher les corps blancs de la fée des Alpes et des Filles du Rhin, et s'évanouir de jolies silhouettes de Floramyes et venir à lui, les corbeilles de fleurs et de fruits sur la tête, les souriantes fillettes des chansons populaires, de l'*Hommage à Schumann*, aux sonorités du piano, tenu à quatre mains par M. Lascoux et M. Grattery.

Il entend aussi jouer du piano Mme Paul Meurice, glorieuse de s'être déplacée pour faire entendre à Baudelaire, dans sa maison de santé, alors que la paralysie l'envahit, les fragments de Wagner qu'il préfère et Mme Edouard Manet.

Il est extraordinairement casanier. Il est resté à son atelier de la rue des Beaux-Arts depuis le vendredi saint de l'an 1868. Il ne l'a jamais quitté. Ses domiciles étaient peu distants. Sauf l'entr'acte de son séjour rue de Londres, il habita rue Férou, rue des Saints-Pères, rue Bonaparte, rue du Luxembourg.

Ses voyages ont été des plus rares. Bayreuth retour par Munich, la Belgique, les villégiatures à Buré et il est de plus en plus immobile à la fin de sa vie, et cela coïncide avec de plus fréquentes évasions vers le monde du rêve.

◘

Sont-ce exactement les sujets qui le passionnaient le plus intensément que Fantin-Latour non content de les traiter par le dessin pour la lithographie, a choisi pour thèmes de pastels ou de tableaux ?

Il est difficile de ne pas admettre que le hasard ou les circonstances ont joué parfois un rôle aussi considérable que la dilection ou le choix.

Prenons Fantin vis-à-vis de Victor Hugo.

Trois œuvres affirment son admiration et son intelligence du génie du poète. Les lithographies de *Sarah la Baigneuse* et le tableau du *Satyre*. Si on se reporte aux informations de M. Adolphe Jullien, admirablement placé pour être bien renseigné, ce n'est point le poème des *Orientales* qui l'incita à traiter *Sarah la Baigneuse* qui pourtant l'intéressa, puisqu'il hésita sur l'allure à donner à l'indolente et en dessina deux versions. Mais c'est la mélodie de Berlioz sur les vers d'Hugo qui l'incita à créer une image du poème.

Le *Satyre* est occasionnel.

Au moment de la création du Musée Victor Hugo, Paul Meurice écrivit aux peintres les plus célèbres pour leur demander un tableau inspiré d'une lecture d'Hugo ou d'un de leurs souvenirs mêlé à sa vie, ou à la vie de sa gloire. Le programme était assez large pour que Raffaëlli se présentât par ce beau tableau qui résume la joie et les fleurs d'un anniversaire fêté avenue d'Eylau par le populaire. Le choix judicieux de Paul Meurice comprenait Fantin qui prit pour thème le poème d'Hugo, alors le plus cher aux poètes, le *Satyre*.

Dans le choix de ses wagnerismes peints, sans doute, le hasard joua un rôle, coïncidence d'une audition qui l'a remué et d'un peu de temps libre, après vente pas trop mauvaise des tableaux de fleurs.

Pour ses lithographies wagnériennes, berlioziennes, schumanniennes, Fantin a un débouché. Il a des abonnés. Quelques amis, quelques admirateurs versent une somme annuelle, en échange de laquelle Fantin leur enverra des lithographies et ils n'ont pas à se plaindre du nombre et de la beauté des tirages. Il n'a pas ou guère d'amateurs pour les tableaux de rêve. C'est le Salon qui le décide ou le loisir ou un besoin de s'exprimer qui l'entraîne.

L'*Anniversaire* (comme l'*Hommage à Delacroix* ou le *Portrait de Manet*), a jailli d'un élan d'enthousiasme. A sa date (1876) c'était le moment de reprise d'enthousiasme pour Berlioz. Colonne y avait dédié ses concerts. Le premier signal de cette apothéose avait été donné par l'exécution encore fragmentaire de la *Damnation* par la Société des Concerts du Conservatoire. Ce n'était encore que les huit scènes dont Berlioz avait de son vivant fait entendre plusieurs fois la sélection, ne pouvant redonner l'audition de l'œuvre entière.

Après le triomphe de cette audition partielle, toute l'œuvre de Berlioz passe au concert et Fantin, remué jusqu'aux fibres, après avoir dessiné, en rentrant de l'audition intégrale de *Roméo et Juliette*, les *Confidences à la Nuit*, se hâta de composer l'*Hommage à Berlioz* et de l'envoyer au Salon. Pour profiter de l'actualité ? Oui, mais pas pour lui, pour la gloire de Berlioz ! On ne l'aurait pas reçu deux ans avant, Berlioz étant également mis hors la loi par les Boulanger et les Reber et par les wagnériens. Encore maintenant il rencontre des résistances et des réticences. Il a porté le poids d'avoir été réellement, franchement et sincèrement un romantique.

L'*Anniversaire* est un des beaux tableaux de Fantin. On y trouve cette noblesse de lignes presque statique où il se complaît. Une stèle où s'inscrit le nom de Berlioz occupe le fond du tableau. Une sorte d'ange termine d'attacher au fronton une guirlande de fleurs. Gretchen élève une couronne jusqu'au nom d'Hector Berlioz qu'indique du doigt, une Muse sévère, au beau visage grave, noblement drapée. Au pied de la stèle, Juliette défaillante, un bouquet aux seins, s'appuie sur Roméo qui semble vivre un songe d'aurore d'amour. Didon regarde rêveuse. Au premier plan Fantin, vu de dos, se découvre et s'incline devant le monument. Tout cela est d'une singulière harmonie, et la présence de Fantin, qui se place à peu près comme l'image du donateur, dans un tableau religieux, ne détonne pas.

Il a voulu fixer par la peinture le duo d'Enée et de Didon, auquel il avait consacré plusieurs dessins. Le tableau du Musée de Pau, *Danses*, dérive de son dessin sur le ballet des Troyens, soit imaginé, soit souvenir de l'exécution au Théâtre Lyrique, où le corps de ballet était sommaire. Il a peint une impression de la *Damnation*. Il a évoqué par le pastel le duo de Béatrice et Bénédict, en images de jeunes femmes effeuillant des roses parmi le silence d'une nuit de Sicile, de Sicile shakespearienne, embellie de mirages, grandie de tout le désir de l'homme du pays des brumes pour la merveilleuse clarté des pays du midi et leurs nuits qu'il devine transparentes.

Chez Wagner, il reprend le *Venusberg*, le prélude de Lohengrin, la marche rapide du jeune Parsifal indifférent aux charmes des Filles-fleurs, la scène finale de la *Walküre* et les *Filles du Rhin*. Il se retrouve, en traçant, au creux du ravin liquide, au-dessus de la roche d'Alberich, l'arabesque des trois ondines presqu'en terrain payen et quelles jolies flexions il sait donner à leurs corps de lumière.

◘

L'*Andromède* est un de ses derniers tableaux.

C'est un de ceux qui offrent le plus de caractère parmi ses visions antiques. S'est-il souvenu, dans le modernisme de sa conception, du vieil ana antique, du Timanthe qui se voile la face ? Son Andromède tient un bras devant ses yeux, sans doute pour ne point voir l'arrivée du monstre. que d'ailleurs Fantin omet totalement de représenter ou d'indiquer. Andromède est attachée par un poignet, l'autre bras est libre qu'elle peut porter devant ses yeux. La chevelure s'élève en ébrouement noir de la même violence que le vent dans les nues grises et la vague dont l'arrivée jaillit jusqu'à la ceinture d'Andromède. Sur le paysage livide et tourbillonnant, le corps d'Andromède se détache dans une blanche sérénité comme un hymne à la beauté pendant la tempête.

Le *Jugement de Pâris*, moins beau, est particulier. Fantin a une interprétation du mythe. Pâris n'est pas un galant berger, ni un jeune amoureux et il n'a pas de bonnet phrygien. Il est assis comme un juge et grave. Aphrodite éclate en blancheur. Junon, plus brune et mate et plus lourde, s'est dénudée. On aperçoit Minerve casquée et vêtue. Elle a dû croire que la sagesse l'emporterait par ce qu'elle donne de beauté profonde au regard. Peut-être Fantin l'eût couronnée, non sans la maudire, de ne pas dévoiler un corps de grâce tel que ceux qu'il peignait avec amour, car Fantin est un admirable peintre de nu et certes il a vénéré dans le nu féminin, la plus belle merveille plastique, par conséquent la plus belle merveille qu'un homme puisse entrevoir et dont il puisse combler son désir de bonheur et de vie esthétique.

Fantin s'est agenouillé au Tombeau d'Hélène : la conception de son tableau est simple, ressort de ses habitudes ; on pourrait presque dire qu'elle cohère avec la disposition et l'esprit de ses tableaux corporatifs. La reine est nue, calme ; à ses côtés se tient l'Amour. Elle écoute le chœur des poètes qui l'ont chantée et qui sont groupés autour d'Homère. Le décor est en pleine nature. On dirait un soir du second Faust. C'est d'une large impression d'hymne tranquille. On y associerait volontiers l'invocation à Hélène, dans le *Mefistofele* de Boito, et sa large et pure montée.

Dans la légende chrétienne, Fantin n'a pris que la *Tentation de St Antoine*, et il semble bien n'y avoir vu que l'occasion de dessiner les jolies flexions de corps de femmes qui s'offrent. Lorsque la mort vint le surprendre il travaillait à une *Vénus Anadyomène*, étude de beauté féminine, comme son *Ondine*, ses *Baigneuses*, sa *Sarah*, sa *Nuit*, étude de la séduction du mouvement et de la chair de la femme.

Sans doute, le plus souvent, Fantin quand il peint la femme, a pour grand souci d'exprimer un caractère, de circonscrire une mentalité, d'être un peintre d'âmes. Ceci non seulement dans ses portraits, mais dans ses tableaux d'évocation. La Muse sombre aux yeux noirs du tableau de l'*Anniversaire* et qui proclame la gloire de Berlioz, n'est pas traitée du même mode que celles qui célèbrent Schumann. Il y a démonstration évidente d'une recherche de Fantin pour spécifier, par le visage et l'allure de ses Muses, ce qu'il pense du musicien qu'il veut honorer. Si la Muse de Berlioz est une belle figure classique, qu'il eût placée dans un Olympe grec, s'il avait tenté d'évoquer cette vision, les Muses de Schumann sont plus cherchées dans la vie, dans la souffrance, dans l'inquiétude. On songe encore à cette définition du beau des pages posthumes de Baudelaire, (et n'est-il pas possible que Fantin ait entendu Baudelaire faire allusion, dans une conversation, à l'étrangeté de ce type de beau douloureux marqué et chargé, dans le regard, d'anciennes douleurs). Les Muses de Schumann et de Berlioz font songer à cette noblesse de la beauté baudelairienne.

Il y a deux recherches également curieuses de l'*Hommage à Schumann.*

Dans la plus ancienne, une grande Muse s'approche d'une stèle embroussaillée. Parmi ces grandes floraisons désordonnées, bouquets de deuil ou fleurs d'oubli, le nom de Robert Schumann n'est visible qu'en quelques-unes de ses lettres, masqué sur d'autres de feuilles sombres, que la Muse va écarter d'un doigt, comme délivrant d'une ombre parasite la gloire du musicien. Le corps de la Muse, grand et souple, est drapé à la moderne : robe et non peplum. La face n'est pas classique, comme celle de la muse de Berlioz ; c'est une recherche de beauté irrégulière dont l'éclat est dû à l'expression parée d'intelligence et d'inquiétude.

Il s'y reprend : autre étude : Le buste de Schumann est isolé. Il l'entoure de plusieurs figures de femmes. Aux muses qui avoisinent du plus près le monument, il juxtapose des passantes, presque coquettement parées, aux figures souriantes, cherchées dans la joliesse aimable, comme pour animer la fantaisie de Schumann, notifier tant de charmants poèmes naturistes et de brefs recueillements sur les mirages de la joie.

Sans nul doute, ces effigies de pensée forment le plus pur de la gloire de Fantin. Il est là chez lui. Il se promène sur un terrain dont il a bâti les palais et planté les jardins. Il est l'enchanteur qui, au gré des sonorités que lui apporte la brise, peuple ses horizons, de Nixes, de Fées, de Muses. Il s'y attarde d'autant plus volontiers, que longtemps, c'est là la revanche du peintre de fleurs, passionné de la beauté de la fleur à en figurer dans presque tous ses portraits, mais qui voudrait bien réduire la fleur, à ce rôle d'accessoire somptueux et à n'en pas considérer la transcription comme un but presqu'unique. On comprend qu'il sent sa supériorité à traiter ces faces réfléchies, à en spécialiser la grâce, qu'il sait avoir inventé là une nuance de l'art, et que cette invention lui est assez personnelle pour qu'il songe que ce seront ces figures-là qui formeront le plus beau cortège de sa gloire.

Mais il n'en est pas moins un fervent de la beauté physique, du sourire des chairs, de la joie des lumières en fête sur l'épiderme. Il peint le nu de la femme avec une caresse ardente et retenue qui se reflète tout entière sur la nacre pâle et la pulpe tendre de ses modèles. Il fait passer, quand il peint le nu, dans sa peinture, un frisson de volupté édénique et sacré.

◘

Fantin-Latour est représenté dans nos musées.

Le Louvre possède de lui, le *Coin de Table*, gâce au don de la collection Moreau-Nélaton, et l'*Hommage à Delacroix*. Le Luxembourg s'orne de l'*Atelier des Batignolles*, de la *Nuit*, des *Filles du Rhin*, d'un tableau de fruits, *Pêches et Raisins*, de trois beaux dessins, une *Liseuse*, une *Brodeuse*, un *Fantin* par lui-même, plus un carton de dessins.

L'admiration que Léonce Bénédite portait à Fantin et qu'il a marquée par un bel essai sur Fantin (L'Art ancien et moderne) a assuré au peintre qu'il aimait une représentation convenable.

Le Petit Palais s'est enrichi de l'*Hélène*, d'un portrait d'Edwards, de la *Tentation de St Antoine*.

En province, Lyon a la *Lecture,* Pau le *Rêve du Poète* et les *Danses.* A Amiens, deux *Baigneuses.* A Alençon, une nature morte.

A Grenoble, Fantin a donné l'*Anniversaire* (Hommage à Berlioz). Le même musée garde un portrait de Fantin et une *Tentation.*

Reims a le *Lever* et le *Jugement de Pâris.*

Hors de France, Bruxelles montre à son musée la *Leçon de Dessin,* Anvers, un portrait de Fantin par lui-même. Dans la galerie des peintures modernes aux Offices de Florence, Fantin est représenté par un de ses portraits par lui-même. Londres et Manchester exposent des tableaux de fleurs. Berlin un portrait de Mme Fantin-Latour. Son portrait de Manet est à Chicago.

La diffusion de l'œuvre est large.

Mais, de son vivant, Fantin n'a pas eu de commande.

Ce puissant décorateur aurait pu ignorer qu'il y avait des surfaces murales à couvrir dans les Palais Nationaux ou Municipaux. Il n'a pas été de la grande fournée de l'Hôtel de Ville. On ne lui a point confié de salles de mairie, ni de chapelles d'église. Pour l'administration, malgré ses médailles de Salon, il a été entaché de modernisme et de nouveauté. Il a subi l'exil de la commande au même titre que ses premiers amis, les impressionnistes et pour les mêmes raisons encore qu'on n'ait pu les alléguer contre lui, après qu'il eut accentué sa recherche de grand art classique.

Cet harmoniste novateur, ce créateur de symphonies douces et de fonds harmonieux, aurait pu ignorer qu'il y avait aux Gobelins, une manufacture de tapisseries pour lesquelles on demandait des cartons aux peintres doués du génie de la décoration.

A la fin de sa vie, il eût voulu être de l'Institut. Il y avait droit de par sa personnalité son talent. Aussi, pouvait-il alléguer son érudition de peintre, ses longs travaux de copiste, d'où étaient sorties de si fidèles transpositions des maîtres, sources pour certains, pour une large part, de l'admiration qu'ils lui portaient. Il souffrit un peu de n'y point être appelé. Faiblesse d'artiste original et créateur qui composa toujours son cercle d'amis, de chercheurs et d'exilés.

Il a vécu de son travail et il a pu croire que c'était aux dépens de sa gloire. Il a dû pour de longues années rentrer les grands rêves et taire les splendeurs de ses visions. Donc il en a souffert. Il ne le disait pas. Il se hâtait de peindre assez de fleurs pour revenir à Andromède, à Vénus naissante sur les flots calmes, entourée d'Amours bondissants et voletants, de lutter avec la grâce, la nacre, la pulpe, l'éclat doux du corps féminin, pour peindre des baigneuses, des femmes au repos, dans l'attitude toujours la plus simple, dans sa recherche d'émotion, attendrie, profonde, contenue et calme.

Il a toujours travaillé héroïquement, sans que jamais il puisse s'aider des circonstances. Il n'a pas fait tout ce qu'il a voulu. Mais il semble bien qu'il n'ait rien fait de ce qu'il ne voulait pas faire. On ne saurait lui reprocher aucune concession ni au goût officiel ni à la mode.

Ce fut un grand peintre. Il eût été plus grand s'il eut été plus libre.

NOTE BIBLIOGRAPHIQUE

ADOLPHE JULLIEN.	*Fantin-Latour*. Librairie Layus.
LÉONCE BÉNÉDITE.	*Fantin-Latour* (tirage à part de l'Art ancien et moderne).
RAYMOND BOUYER.	*Un peintre mélomane* (tirage à part de l'Art ancien et moderne).
MADAME FANTIN-LATOUR.	Catalogue de l'œuvre complète de Fantin-Latour.
LÉONCE BÉNÉDITE.	Catalogue des lithographies de Fantin (pour une exposition au musée du Luxembourg).
FANTIN-LATOUR.	Œuvre lithographique. (Reproductions).
CASTAGNARY.	Salons (Fasquelle).

TABLE DES PLANCHES (1)

1. Les photographies des œuvres reproduites dans ce volume proviennent pour les planches 2, 4, 5, 18, 19, 22, 24, 25, 26, 27, 29, 33, des ateliers de la Librairie de France, pour les planches 3, 30, 31, des ateliers des Archives photographiques, pour les planches 7, 9, 10, 11, 15, 16, 17 des ateliers Bulloz, pour les planches 12, 13, 20, 21, 23, 28, 32, 34, 35, 36, 37, 38, 39, 40 des ateliers Giraudon, pour la planche 1 des ateliers Braun, pour la planche 6 des ateliers de M. Durand-Ruel.

PLANCHE 12
SOUVENIR DE BAYREUTH
(Musée du Luxembourg)

PLANCHE 13
MADEMOISELLE DUBOURG 1882
(Musée du Luxembourg)

PLANCHE 14
LA LECTURE

PLANCHE 15
LA TENTATION DE SAINT-ANTOINE

PLANCHE 16
HELÈNE

PLANCHE 17
LA NUIT

PLANCHE 18
NYMPHES

PLANCHE 19
ALLÉGORIE

PLANCHE 20
PORTRAIT DE L'ARTISTE PAR LUI-MÊME
(Collection privée)

PLANCHE 21
PORTRAIT DE M. MAITRE
(Collection Lerolle)

PLANCHE 22
RÊVERIE 1884

PLANCHE 23
PORTRAIT DE MADAME LEROLLE
(Collection Lerolle)

PLANCHE 24
NYMPHE AGENOUILLÉE

PLANCHE 25
NYMPHE ET AMOUR

PLANCHE 26
BAIGNEUSE

PLANCHE 27
ROSES, NATURE MORTE 1887

PLANCHE 28
DAMNATION DE FAUST 1888

PLANCHE 29
FLEURS 1889

PLANCHE 30
DANSES
(Musée de Pau)

PLANCHE 31
LE RÊVE DU POÈTE
(Musée de Pau)

PLANCHE 32
DANSES 1891
(Musée de Pau)

PLANCHE 33
DIANE

PLANCHE 34
PORTRAIT DE FANTIN A 22 ANS (dessin)
(Musée du Luxembourg)

PLANCHE 35
L'OR DU RHIN (lithographie)

PLANCHE 36
LE GÉNIE DE L'AIR (lithographie)

PLANCHE 37
DUO DES TROYENS (lithographie)

PLANCHE 38
SYMPHONIE FANTASTIQUE (lithographie)

PLANCHE 39
SARAH LA BAIGNEUSE (lithographie)

PLANCHE 40
LES FILLES DU RHIN (lithographie)

PL. 1. PORTRAIT DE L'ARTISTE PAR LUI-MÊME.
PORTRAIT OF THE ARTIST BY HIMSELF.
SELBSTBILDNIS.
RITRATTO DELL'ARTISTA DA LUI STESSO PINTO.
RETRATO DEL ARTISTA POR ÉL MISMO.

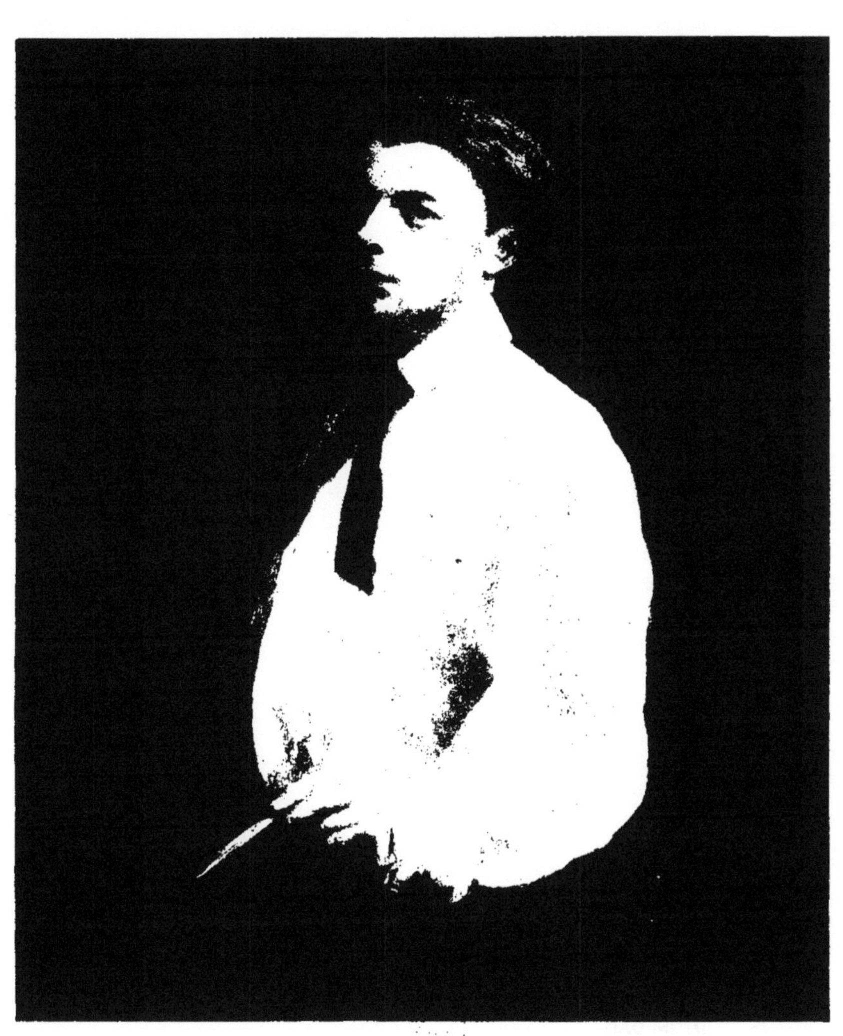

PL. 2. INTIMITÉ.
INTIMACY.
VERTRAULICHKEIT.
INTIMITÀ.
INTIMIDAD.

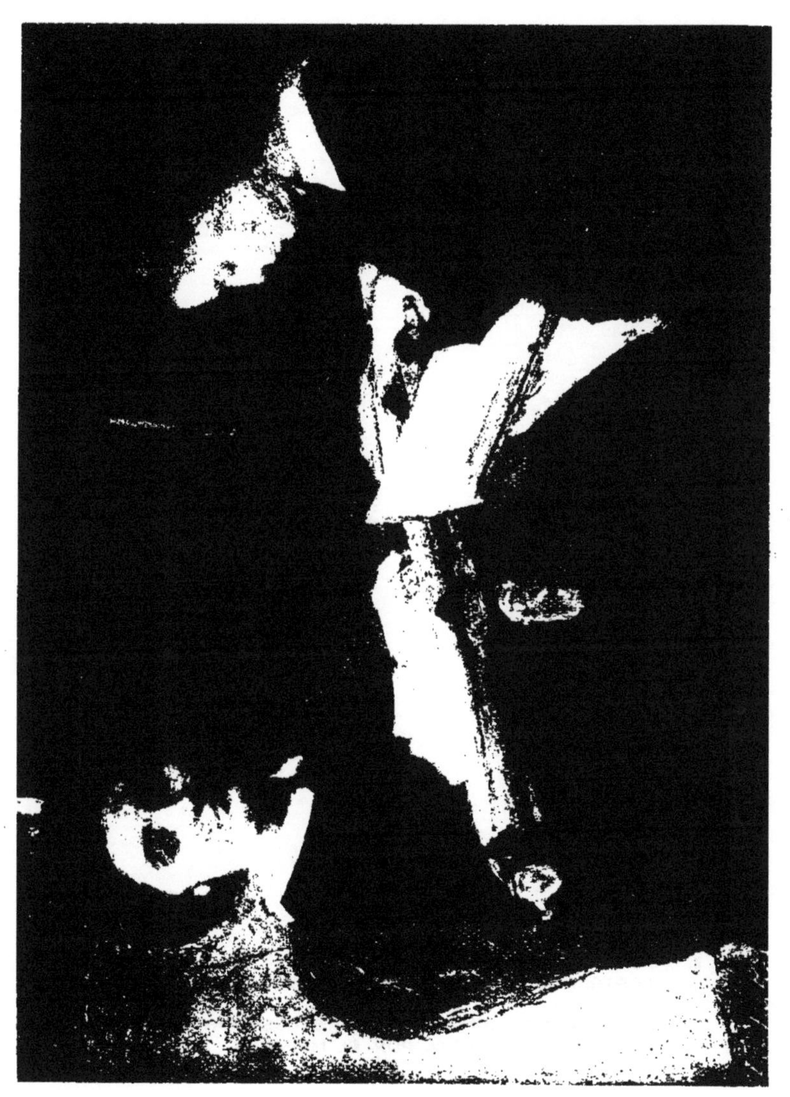

PL. 3. PORTRAIT DE L'ARTISTE PAR LUI-MÊME.
PORTRAIT OF THE ARTIST BY HIMSELF.
SELBSTBILDNIS.
RITRATTO DELL'ARTISTA DA LUI STESSO PINTO.
RETRATO DEL ARTISTA POR ÉL MISMO

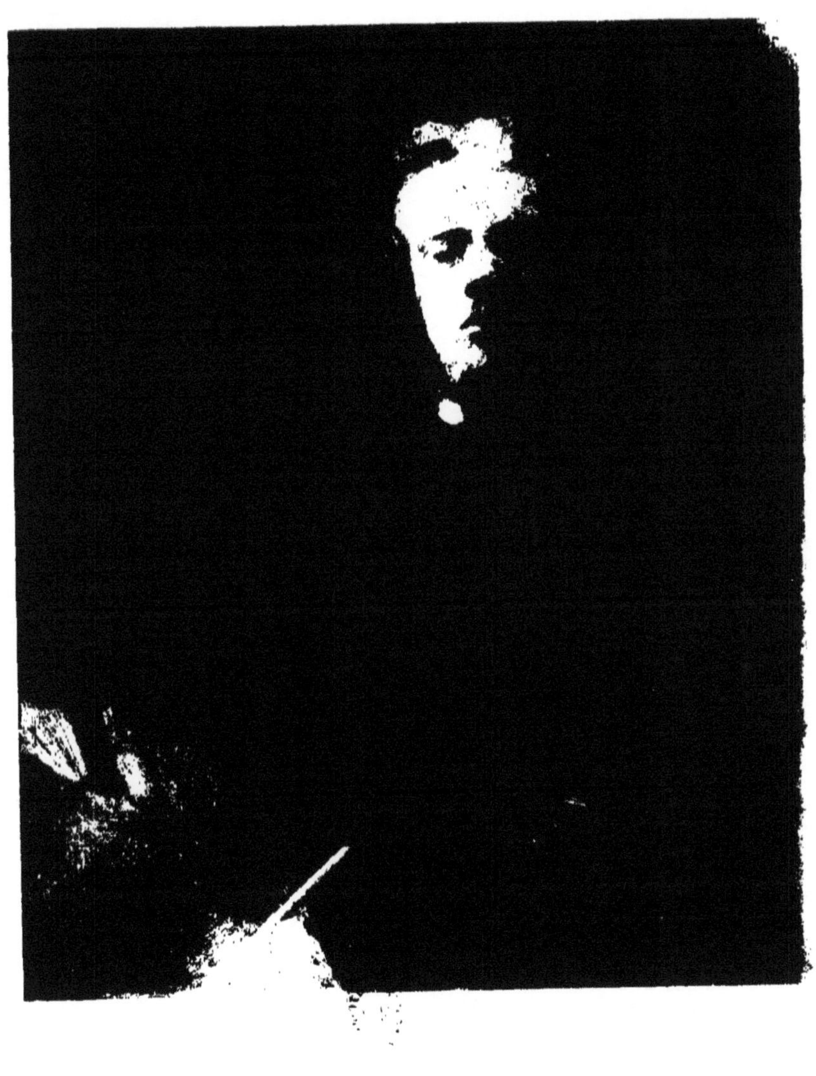

PL 4 FLEURS DANS UN VASE
FLOWERS IN A VASE.
BLUMEN IN EINER VASE
FIORI IN UNO VASE.
FLORES DENTRO DE UN VASO

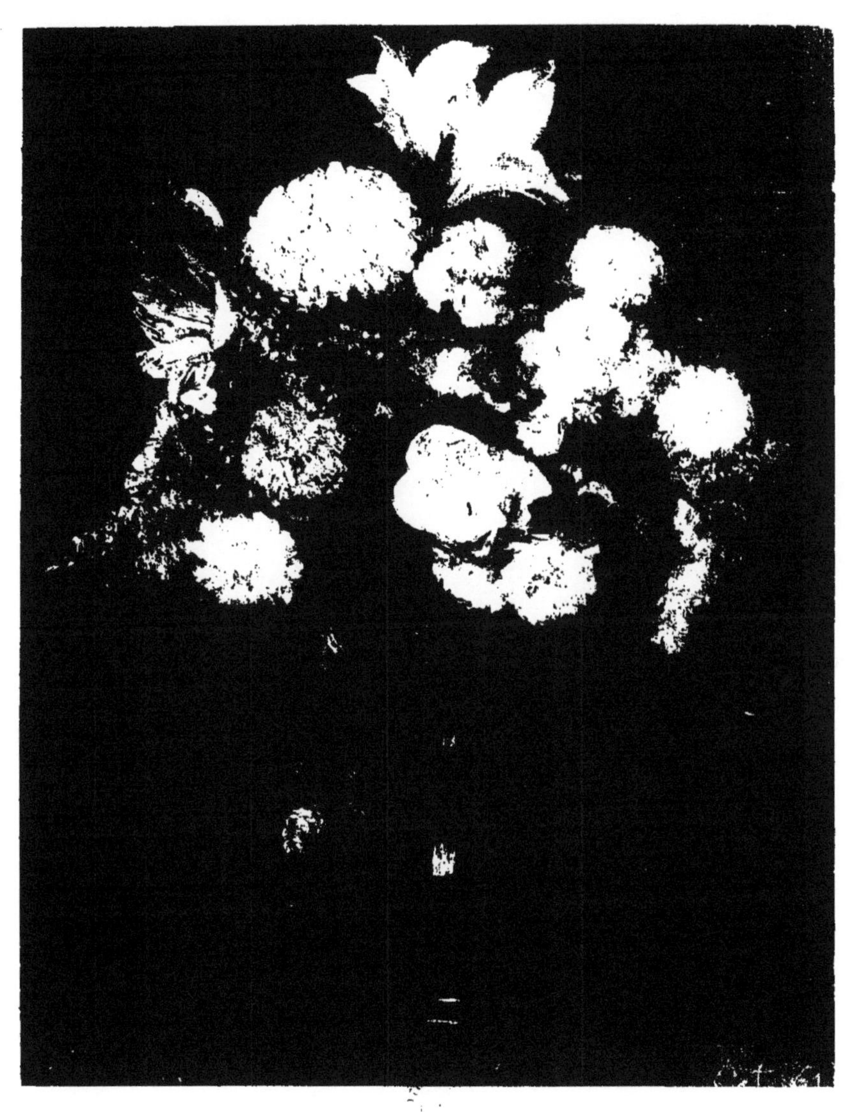

PL. 5. FLEURS ET FRUITS.
FLOWERS AND FRUITS.
BLUMEN UND FRÜCHTE.
FIORI E FRUTTA.
FLORES Y FRUTAS.

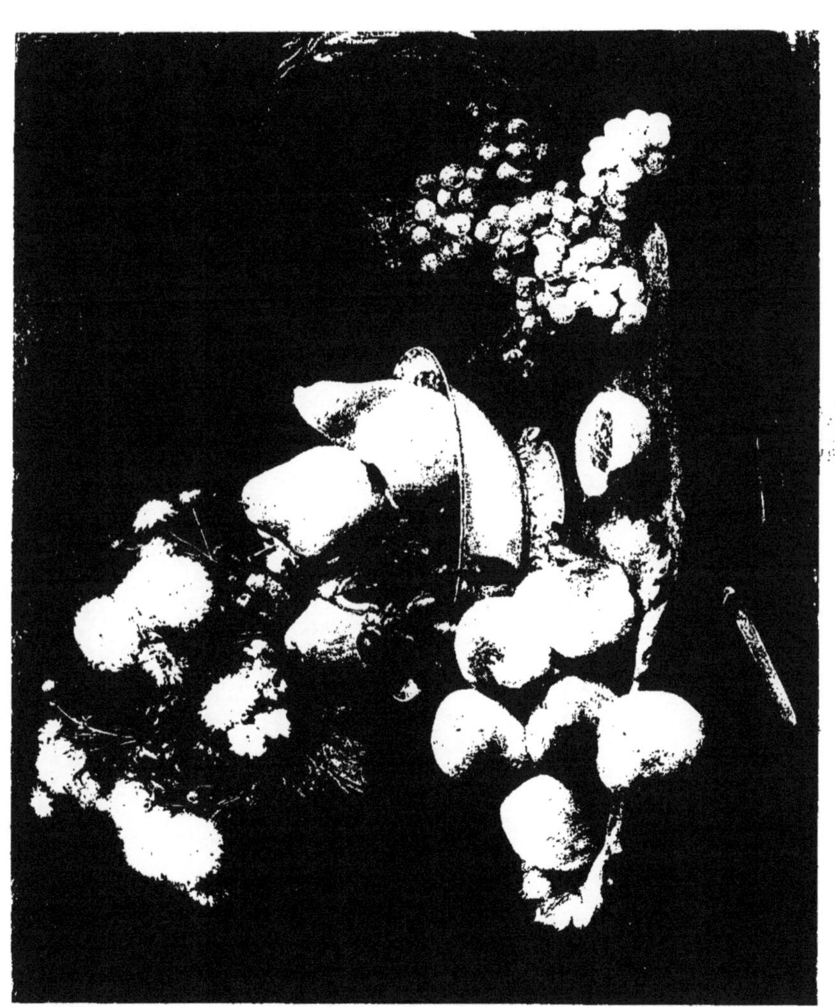

PL. 6 PORTRAIT D'ÉDOUARD MANET.
PORTRAIT OF EDOUARD MANET.
EDOUARD MANET (PORTRAIT).
RITRATTO DI EDOUARDO MANET.
RETRATO DE EDOUARD MANET.

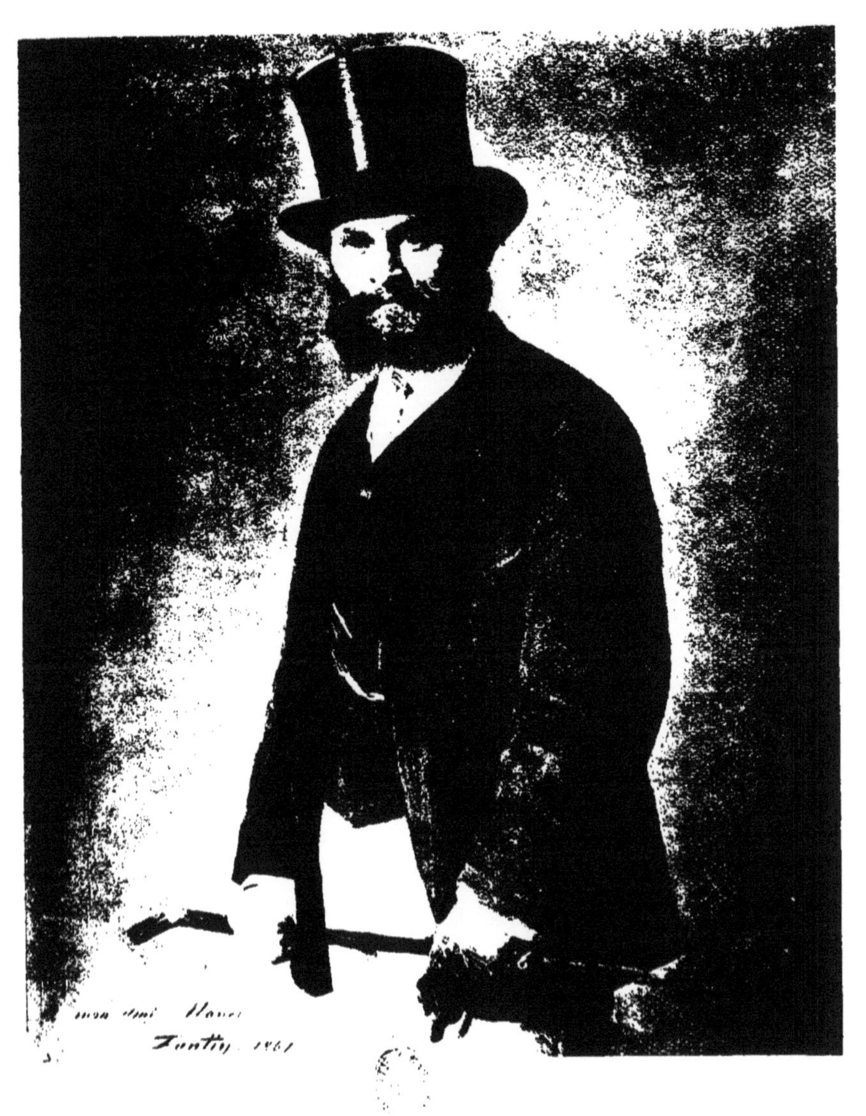

PL. 7. LA TABLE.
THE TABLE.
DER TISCH.
LA TAVOLA.
LA MESA.

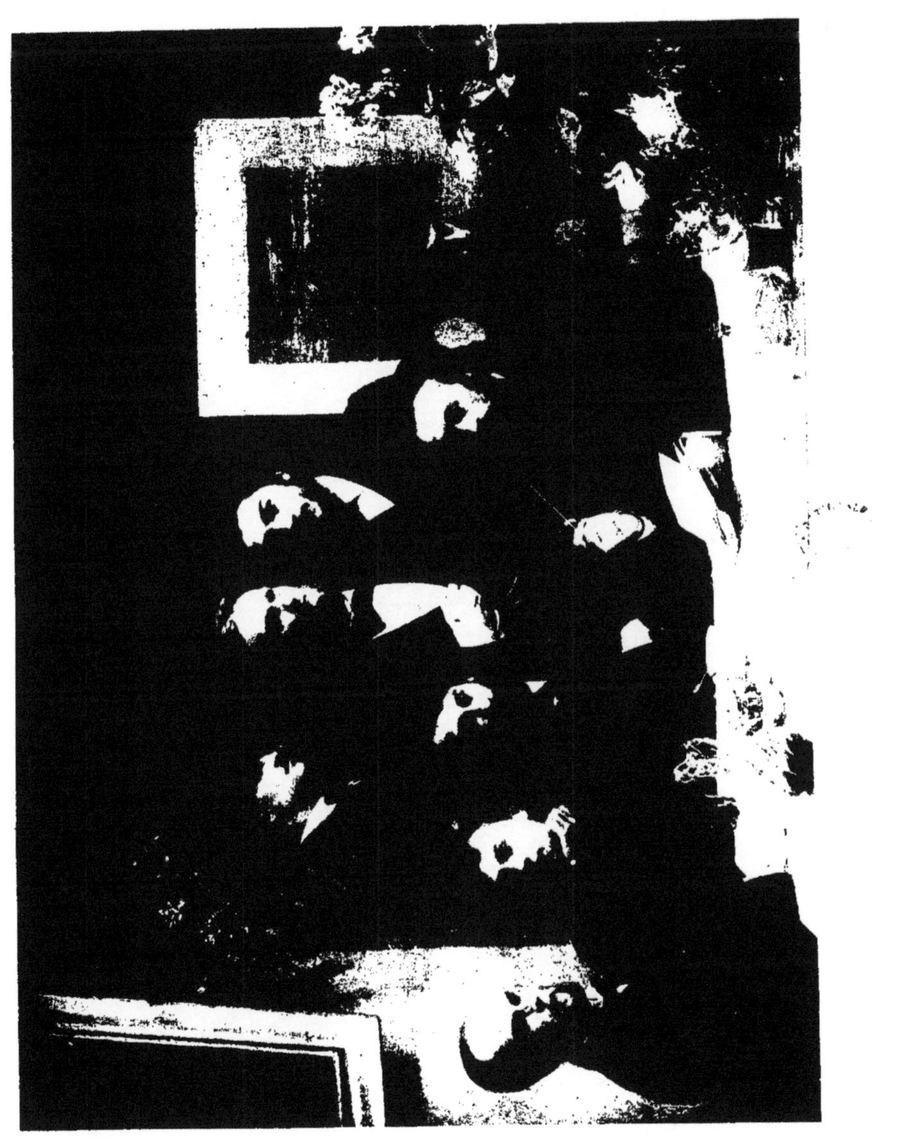

PL. 8. LE PANIER DE RAISIN.
THE BASKET OF GRAPES.
TRAUBENKORB.
LA CESTA D'UVA.
LA CESTA DE UVAS

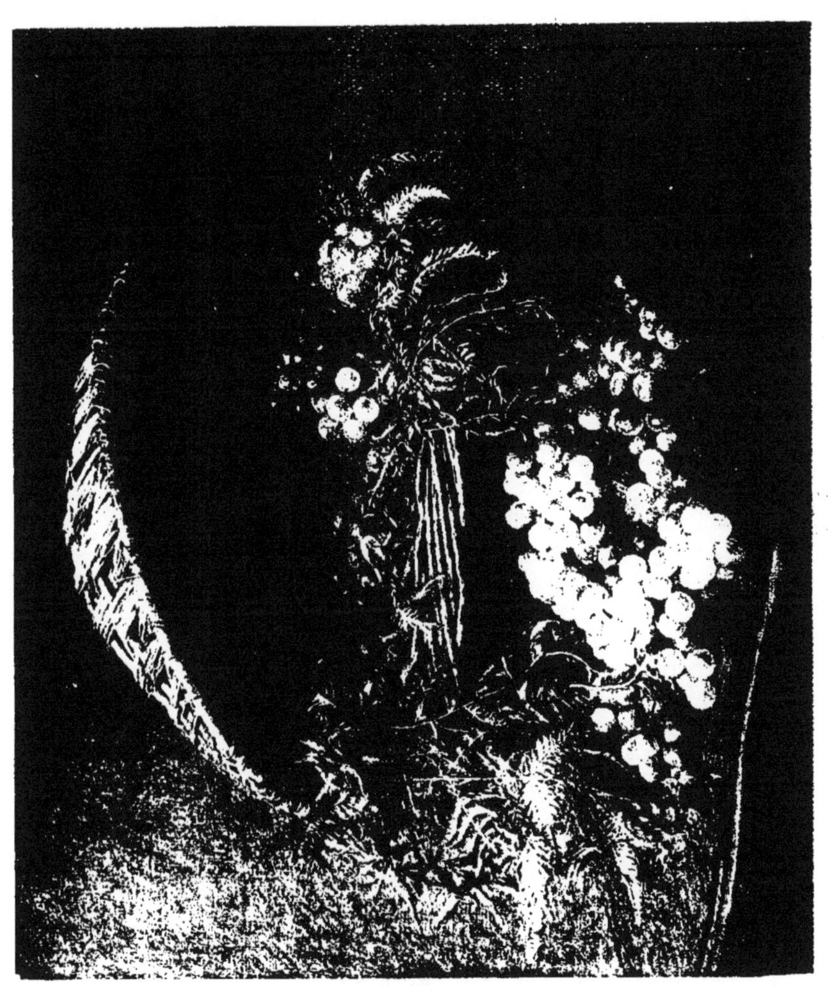

PL. 9. L'ATELIER DES BATIGNOLLES.
THE STUDIO IN BATIGNOLLES.
DAS ATELIER IN BATIGNOLLESVIERTEL.
LO STUDIO DELLE BATIGNOLLES.
EL ESTUDIO DE " BATIGNOLLES ".

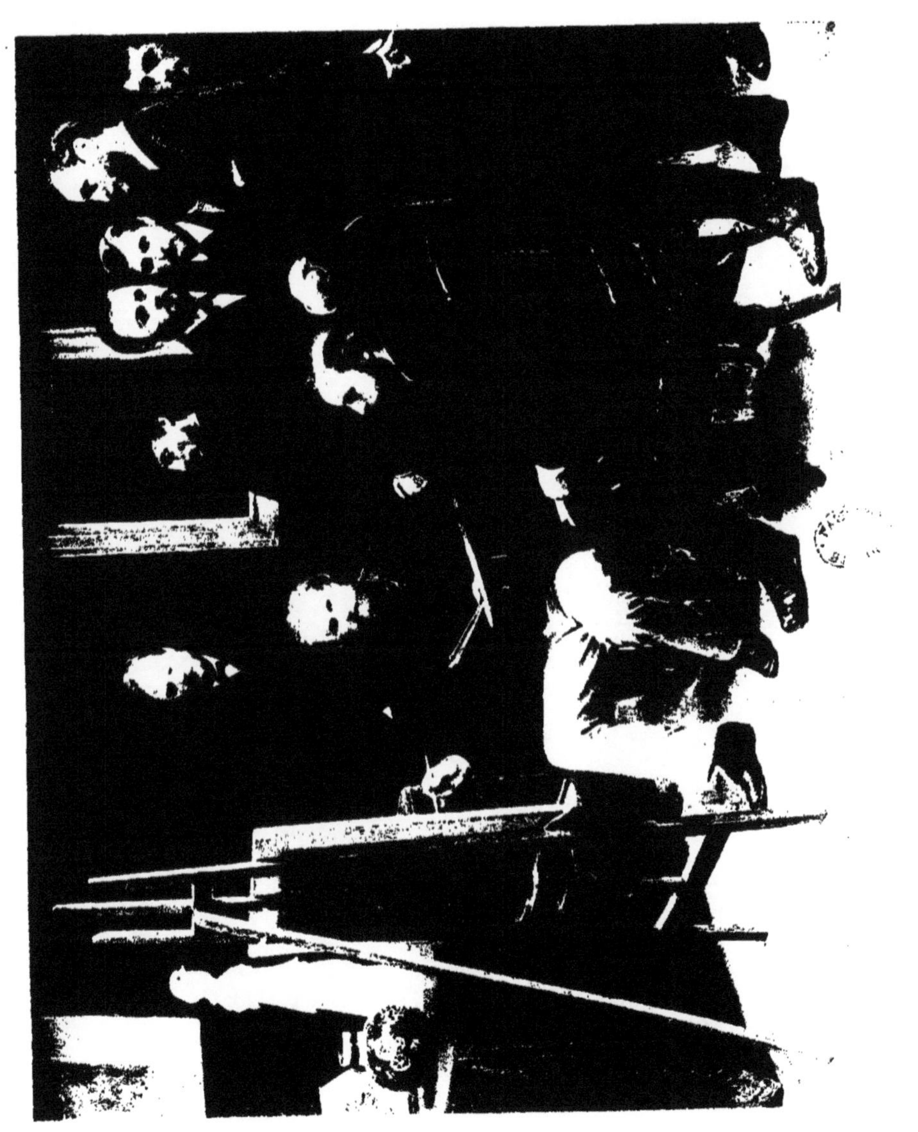

PL. 10. HOMMAGE A DELACROIX.
TRIBUTE TO DELACROIX.
HULDIGUNG AN DELACROIX.
OMAGGIO AL DELACROIX.
HOMENAJE A DELACROIX.

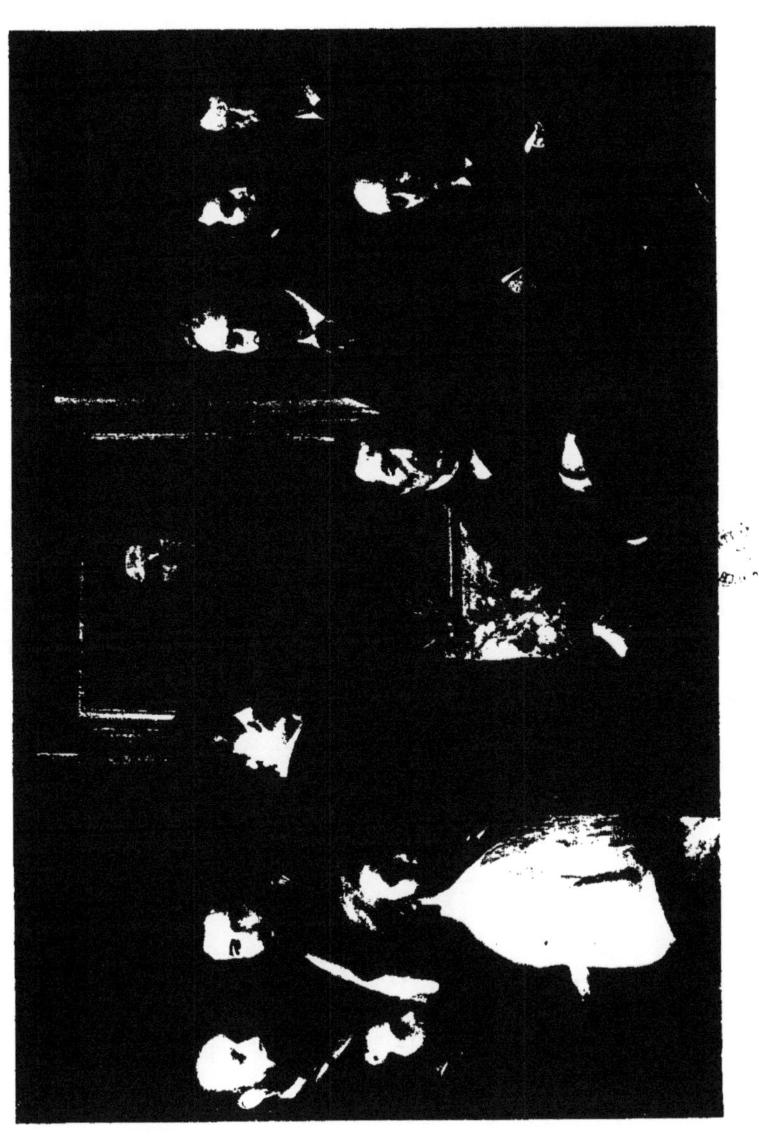

PL. 11. AUTOUR DU PIANO.
BY THE PIANO.
UM DAS KLAVIER HERUM.
INTORNO AL PIANOFORTE.
AL REDEDOR DEL PIANO.

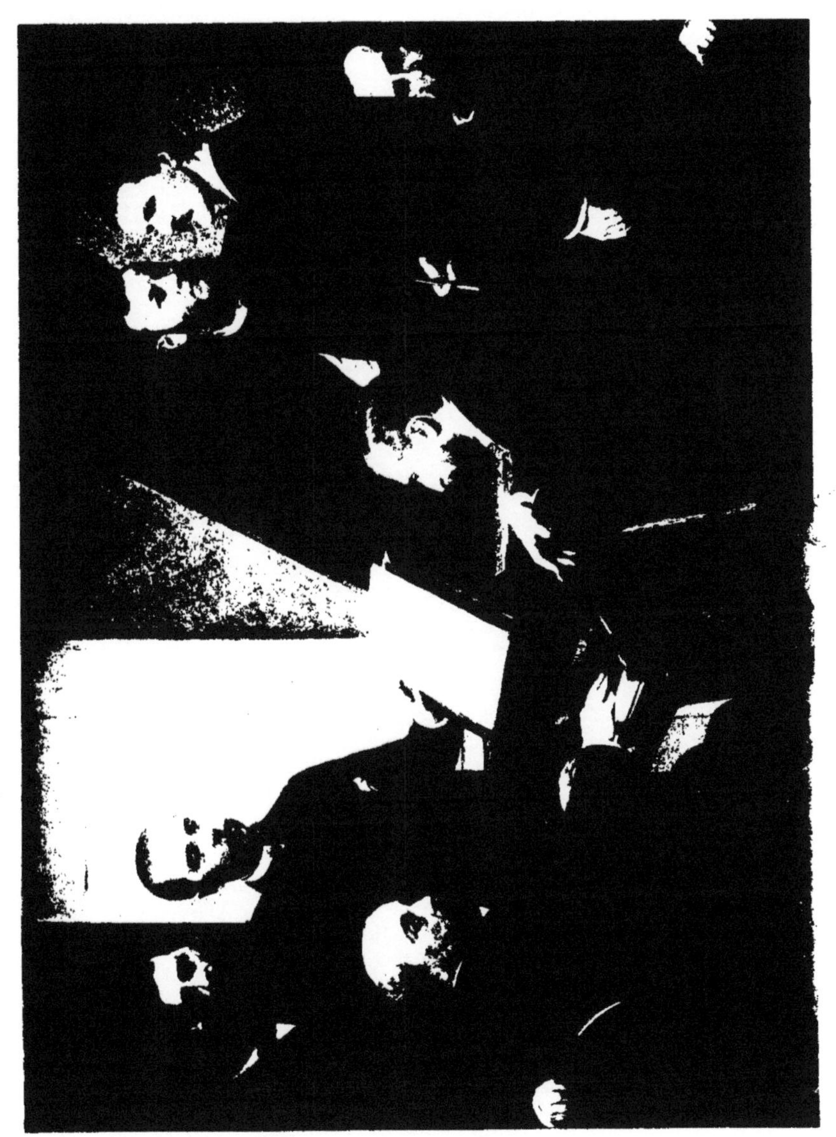

PL. 12. SOUVENIR DE BAYREUTH.
A BAYREUTH REMINISCENCE.
ANDENKEN AN BAYREUTH.
RICORDO DI BAYREUTH.
RECUERDO DE BAYREUTH.

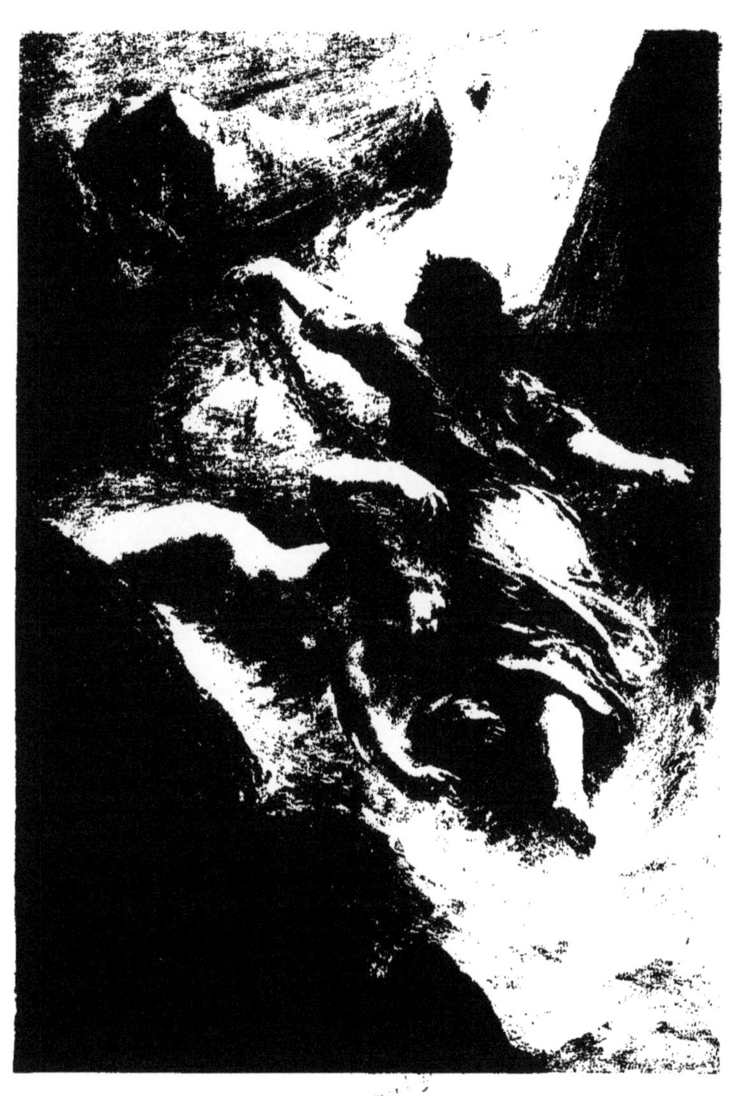

PL. 13. MADEMOISELLE DUBOURG.

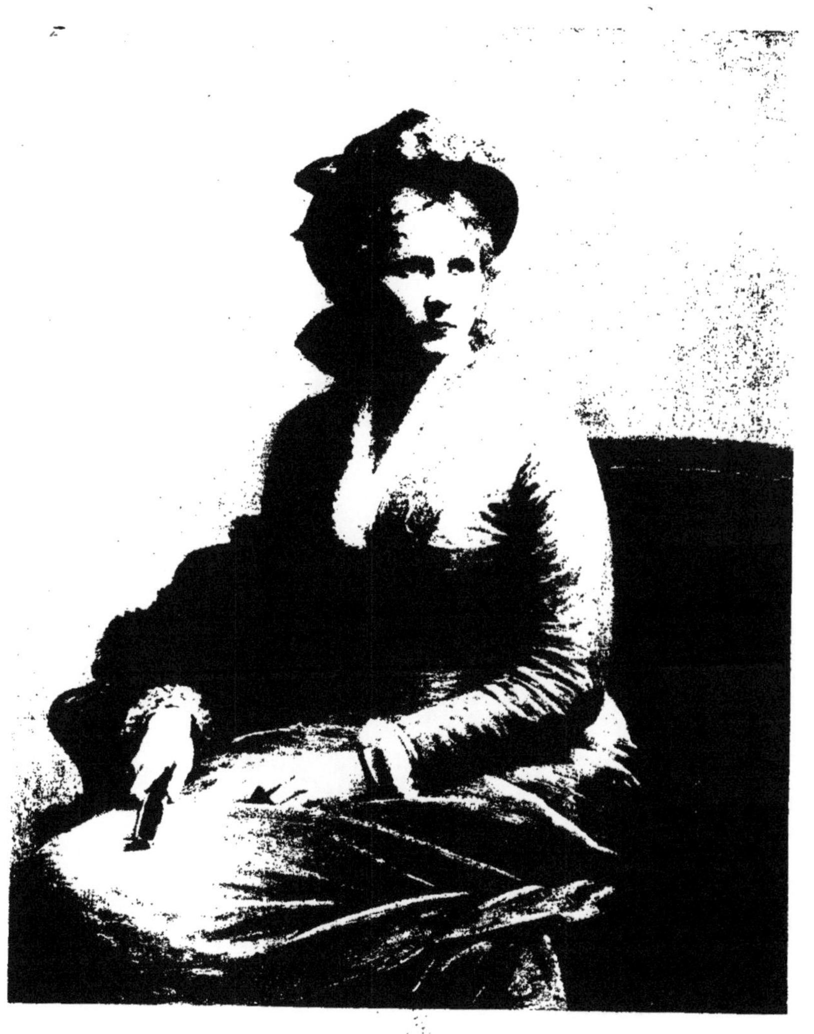

PL. 14. LA LECTURE.
READING.
DIE LEKTURE
LA LETTURA.
LA LECTURA.

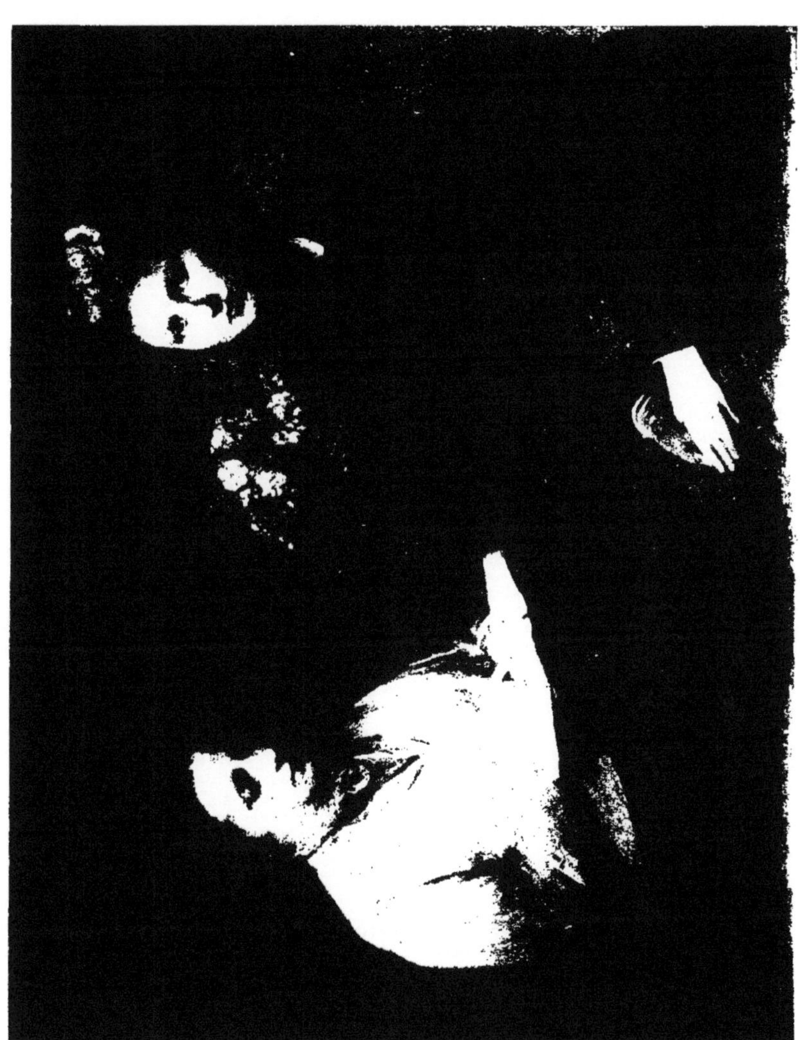

PL. 15. LA TENTATION DE SAINT ANTOINE.
ST. ANTHONY TEMPTED.
VERFÜHRUNG DES HEILIGEN ANTONIUS.
LA TENTAZIONE DI SANT'ANTONIO.
LA TENTACION DE SAN ANTONIO.

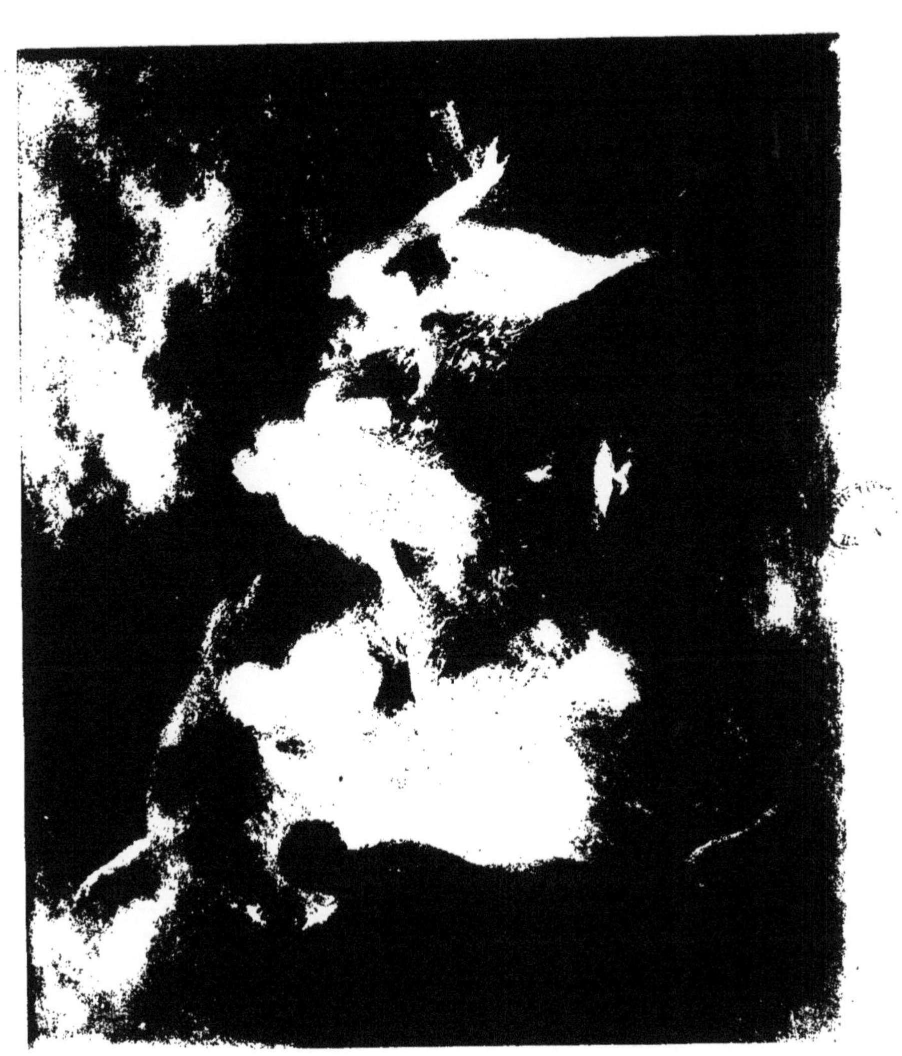

PL. 16. HÉLÈNE.
HELENA.
HELENE.
ELENA.
ÉLENA.

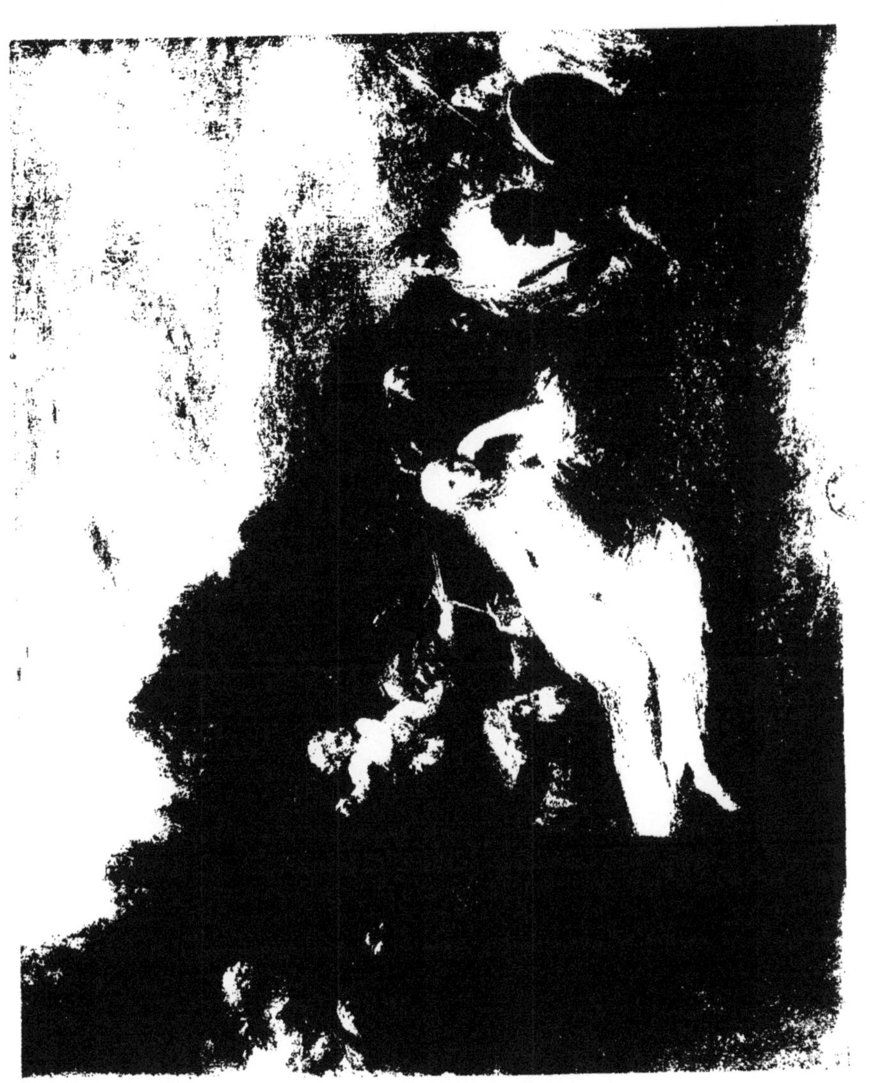

PL. 17. LA NUIT.
NIGHT.
DIE NACHT.
LA NOTTE.
LA NOCHE.

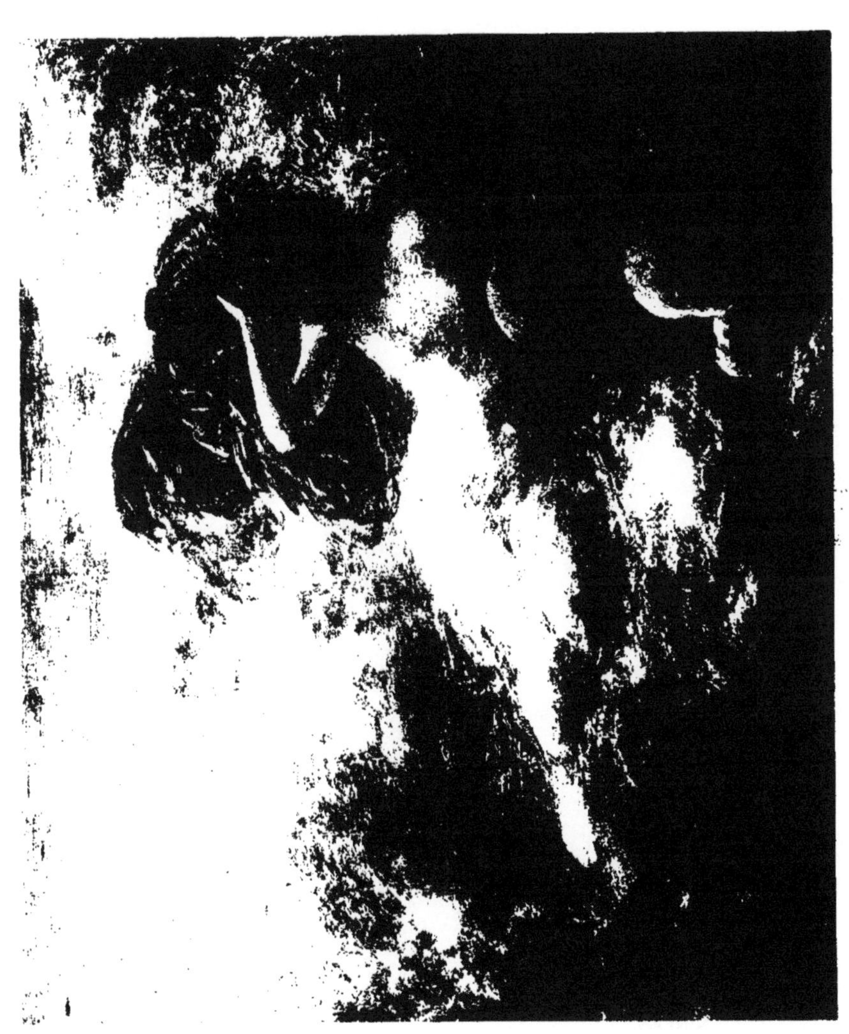

PL. 18. NYMPHES.
NYMPHS.
NYMPHE.
NINFE.
NINFAS.

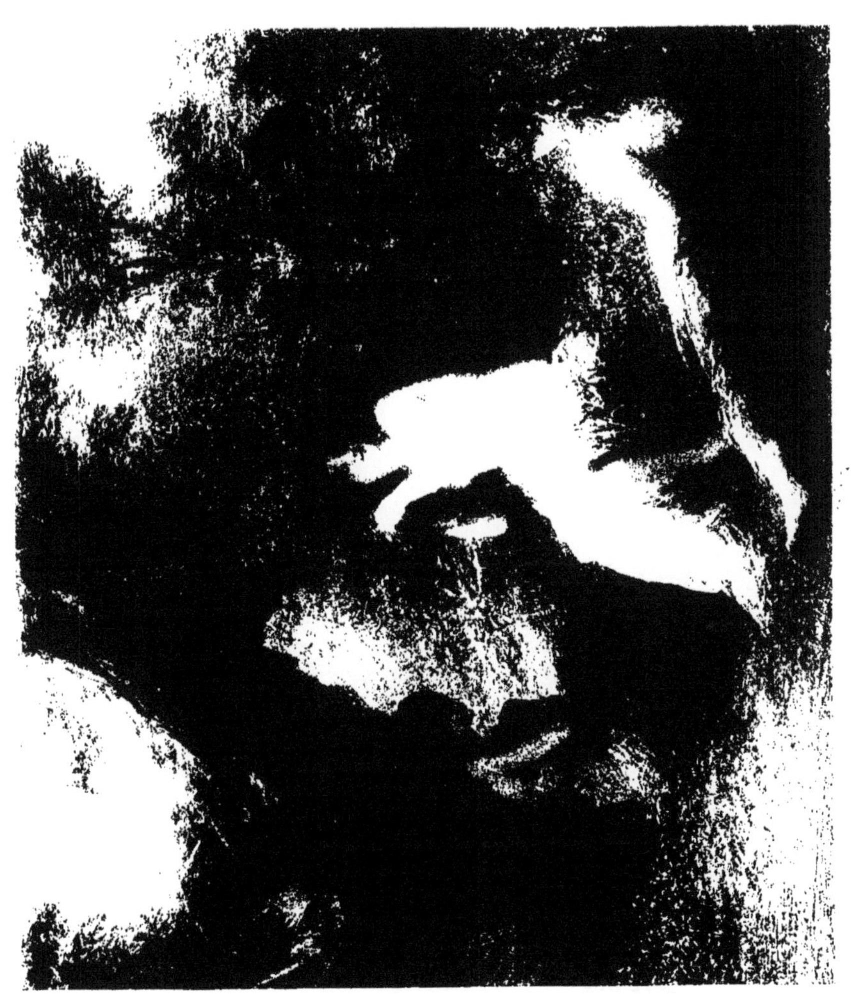

PL 19. ALLEGORIE
ALLEGORY
SINNBILD
ALLEGORIA
ALEGORIA

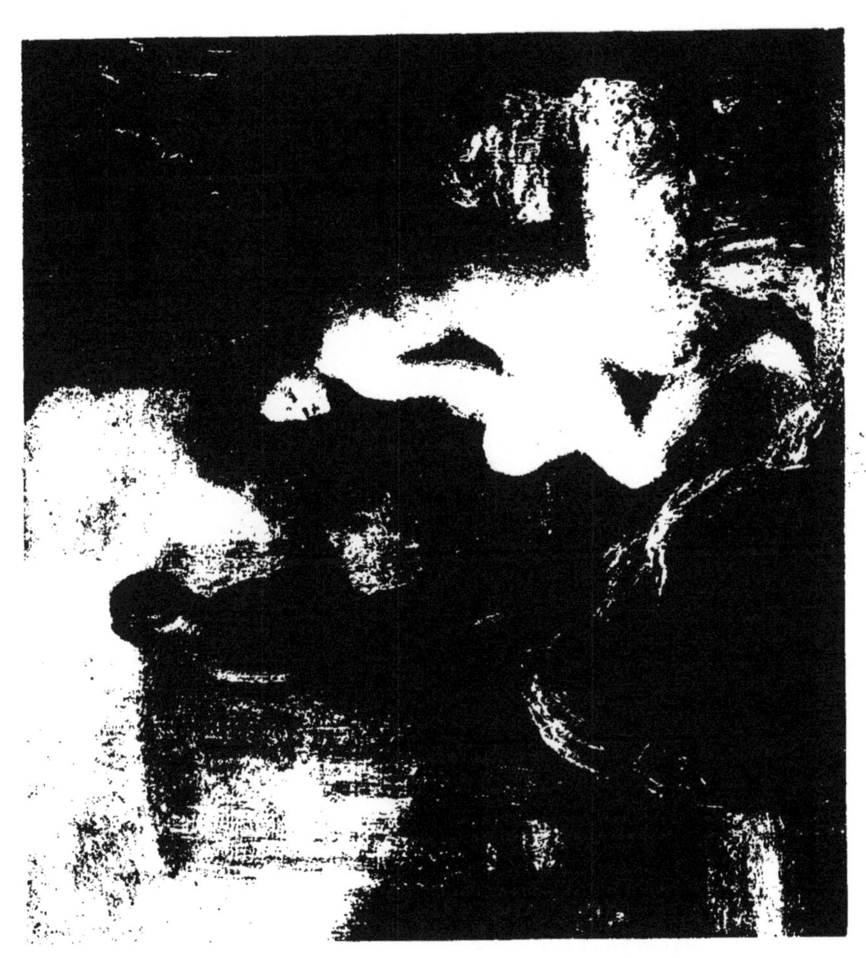

PL. 20. PORTRAIT DE L'ARTISTE PAR LUI-MÊME
PORTRAIT OF THE ARTIST BY HIMSELF.
SELBSTBILDNIS.
RITRATTO DELL'ARTISTA DA LUI STESSO PINTO.
RETRATO DEL ARTISTA POR ÉL MISMO.

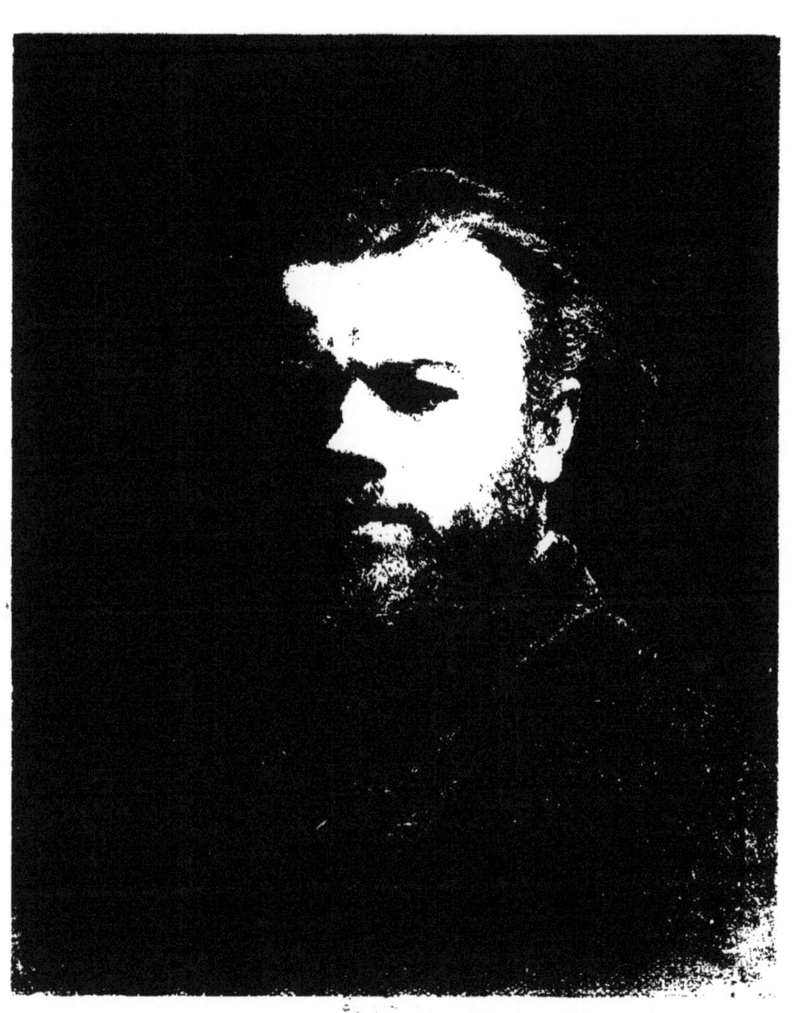

PL. 21. PORTRAIT DE M. MAITRE.
PORTRAIT OF M. MAITRE.
BILD DES HERRN MAITRE.
RITRATTO DEL SIGNORE MAITRE.
RETRATO DE M. MAITRE.

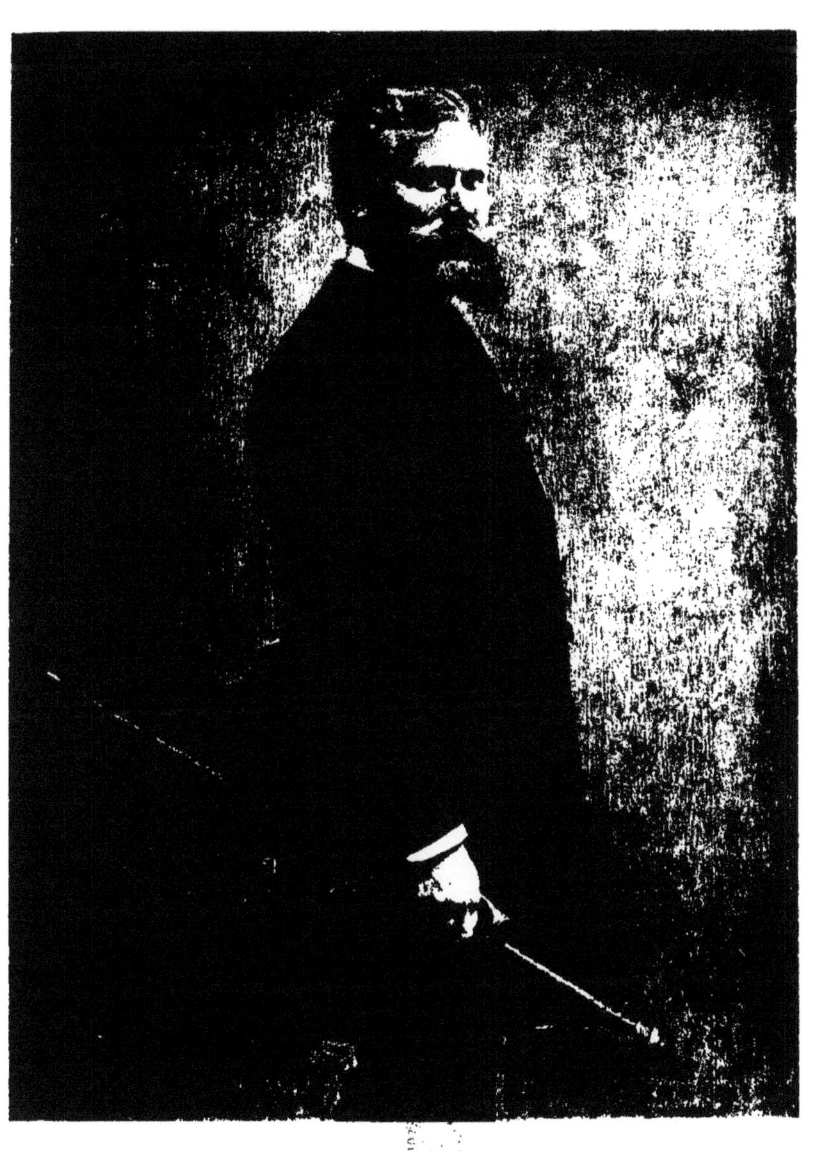

PL. 22. RÊVERIE.
DREAMING
TRÄUMEREI.
SOGNO.
ENSUENO.

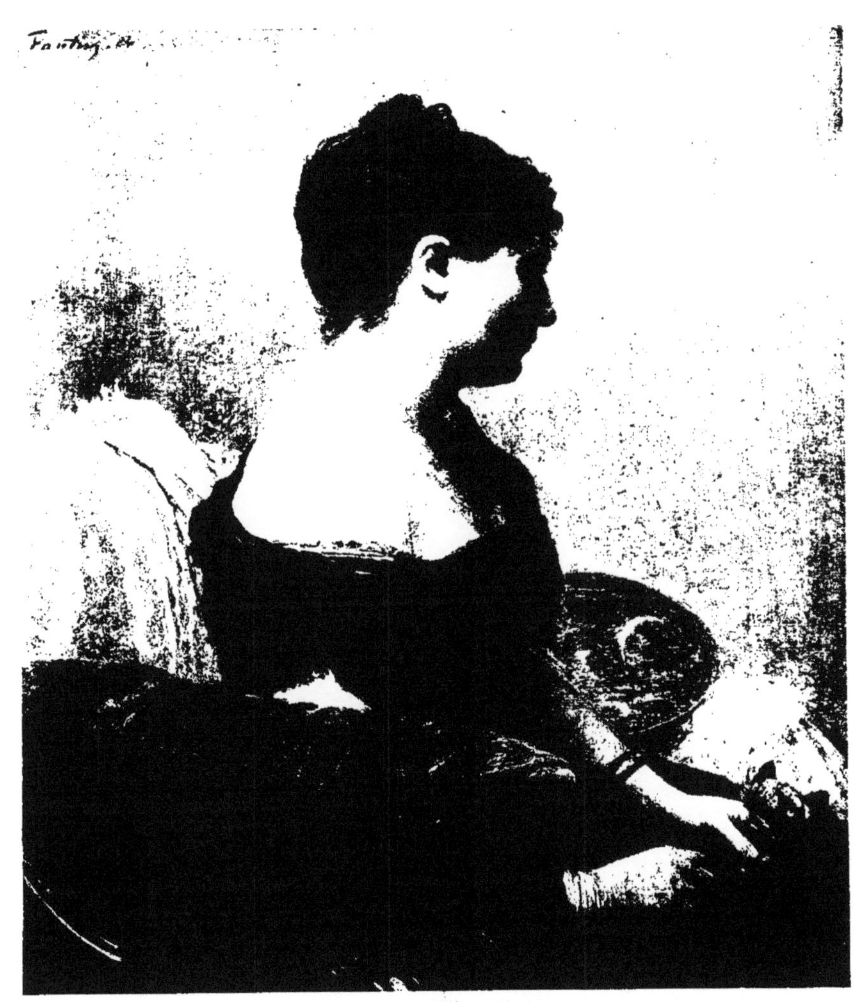
Fantin. 84

PL. 23. PORTRAIT DE MADAME LEROLLE.
PORTRAIT OF MADAME LEROLLE.
BILD VON FRAU LEROLLE.
RITRATTO DELLA SIGNORA LEROLLE
RETRATO DE MADAME LEROLLE.

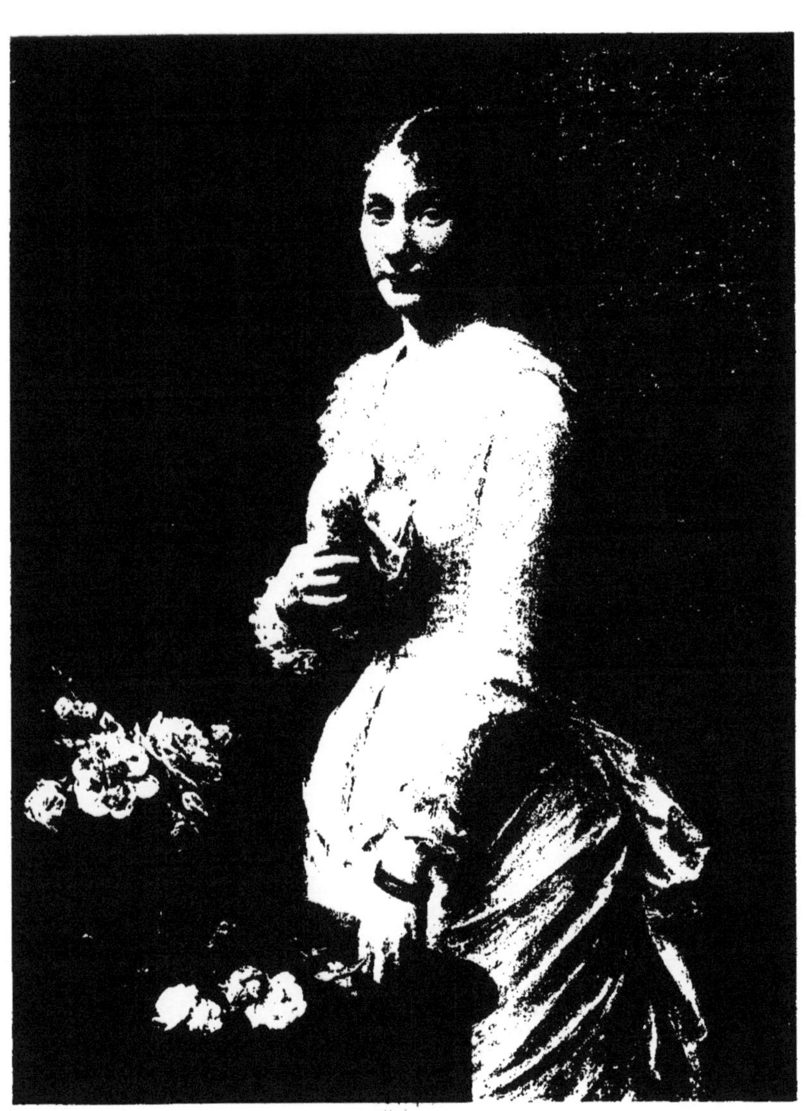

PL. 24 NYMPHE AGENOUILLEE
KNEELING NYMPH
KNIENDE NYMPHE.
NINFA IN GINOCCHIO.
NINFA ARRODILLADA.

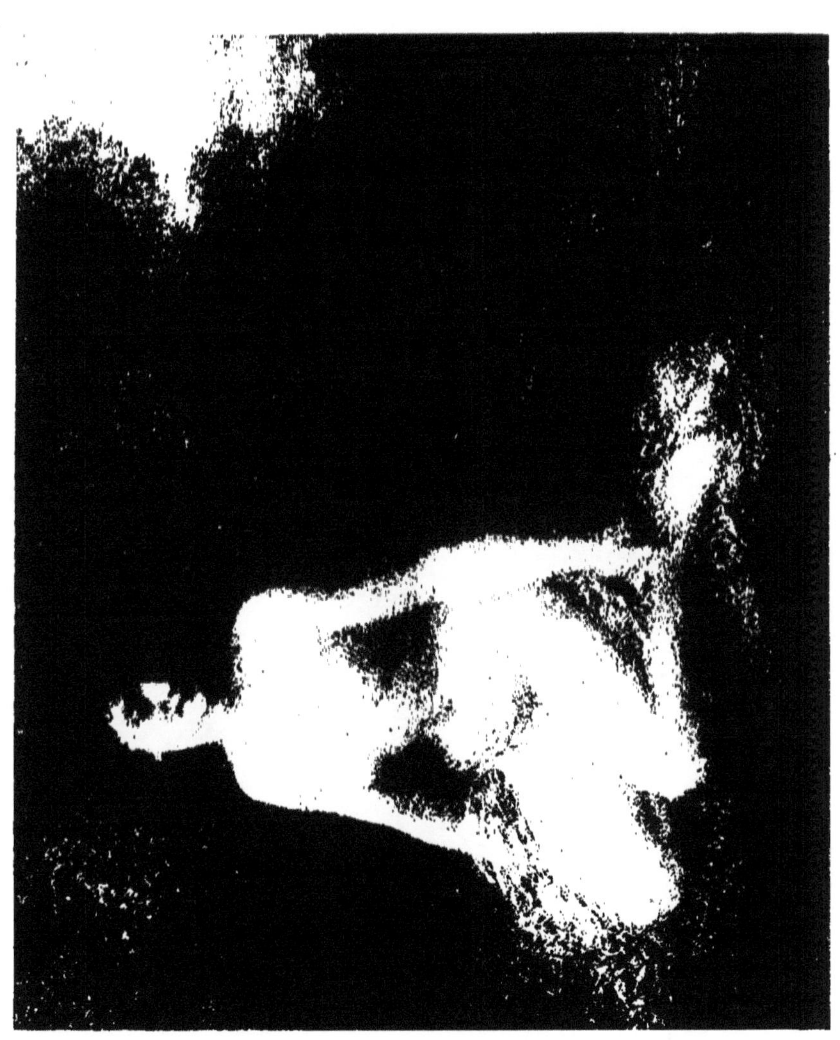

PL. 25. NYMPHE ET AMOUR.
NYMPH AND CUPID.
NYMPHE UND AMOR.
NINFA E AMORE.
NINFA Y AMOR.

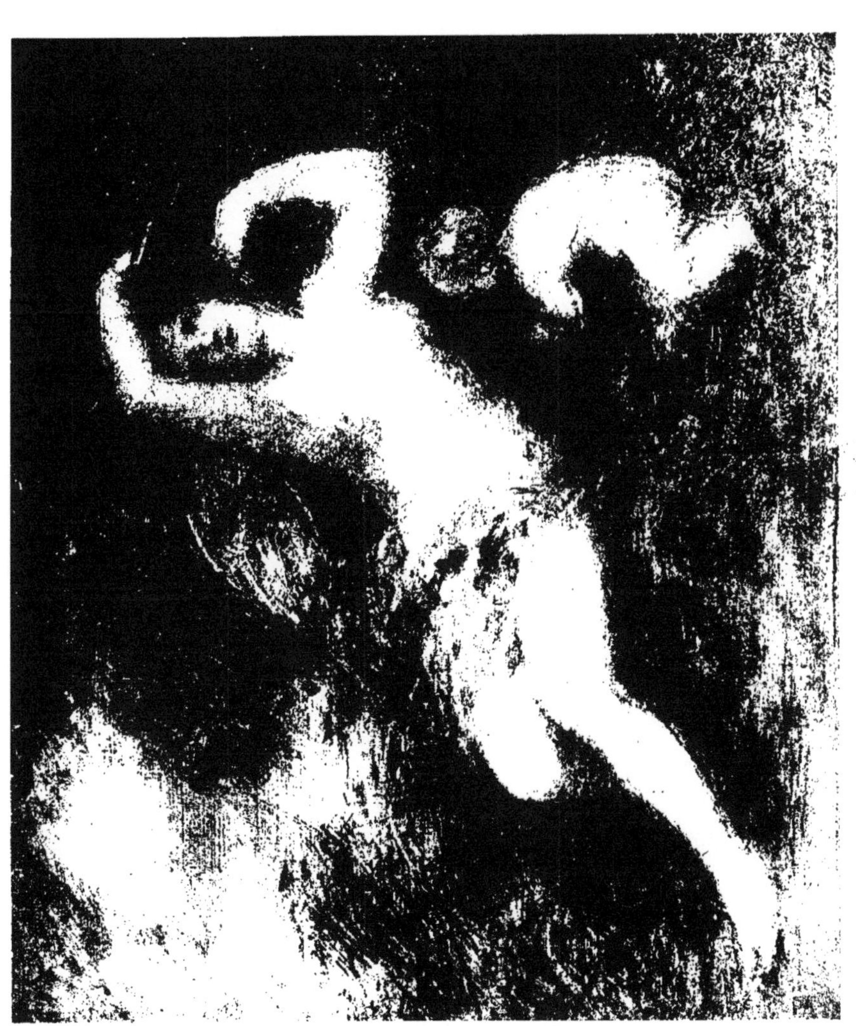

PL. 26. BAIGNEUSE.
BATHING GIRL.
BADENDE.
BAGNANTE.
BANISTA.

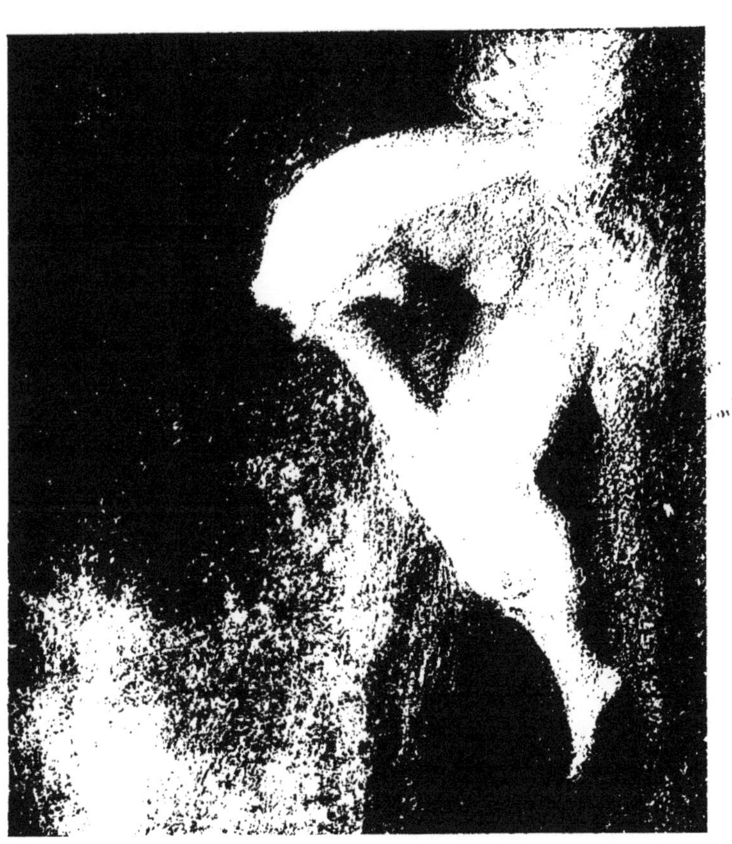

PL. 27. ROSES, NATURE MORTE.
STILL LIFE, ROSES.
ROSEN, STILLEBEN.
ROSE, NATURA MORTA.
ROSAS, NATURALEZA MUERTA.

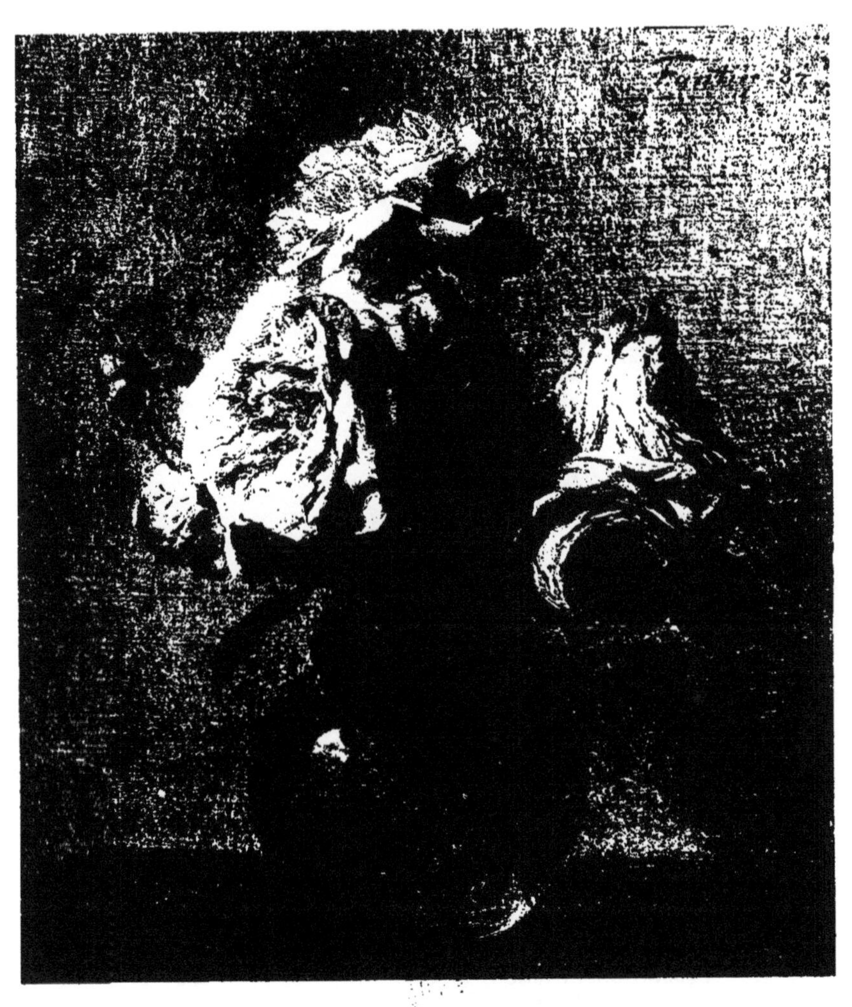

Pl 28. DAMNATION DE FAUST.
DAMNATION OF FAUST.
FAUST VERDAMMUNG.
DANNAZIONE DI FAUST.
LA CONDENACION DE FAUSTO.

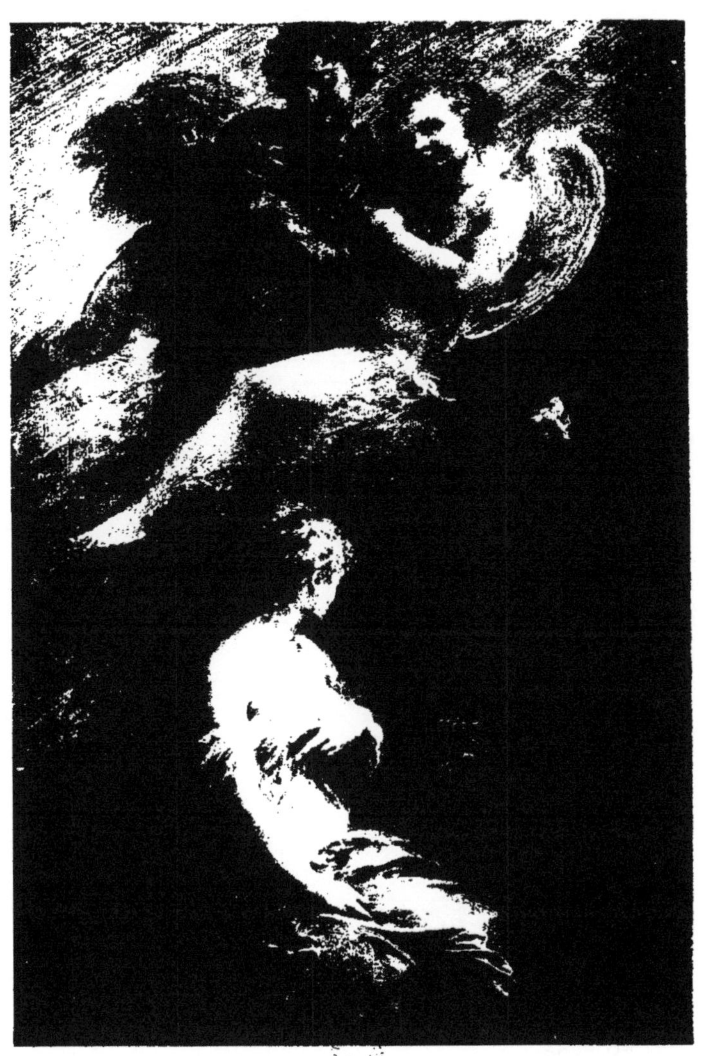

PL. 29. FLEURS.
FLOWERS.
BLUMEN.
FIORI.
FLORES.

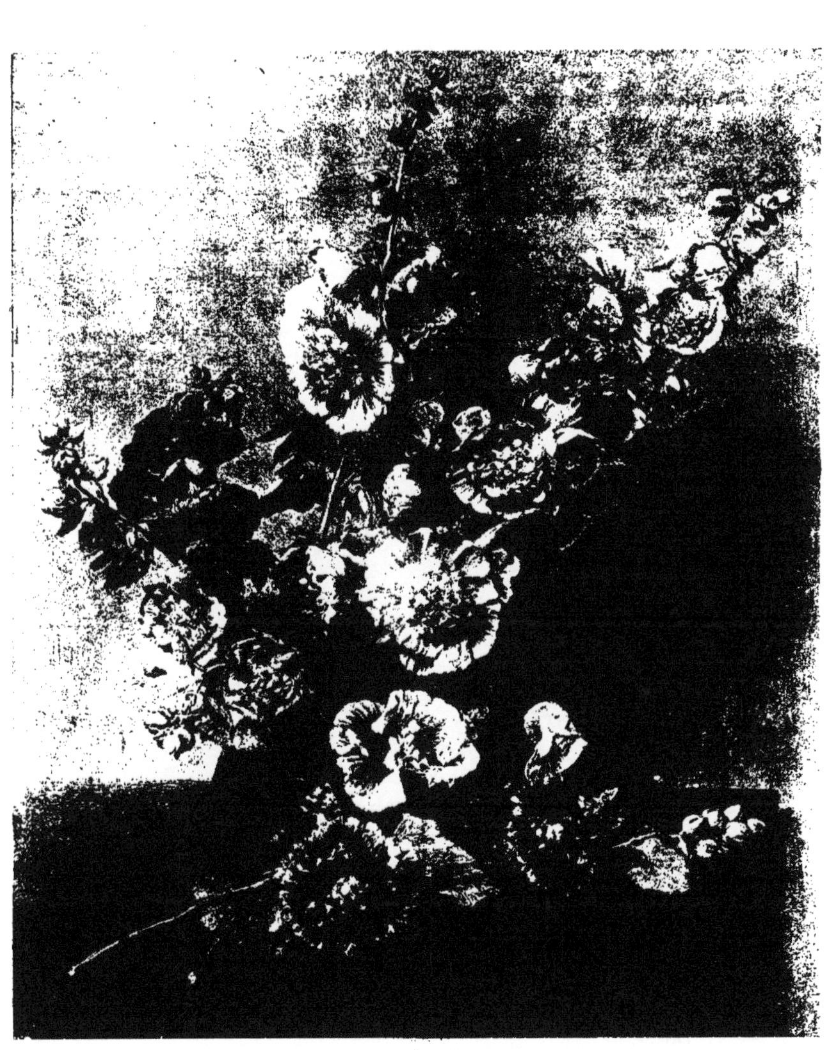

PL. 30. DANSES.
DANCE.
TÄNZE.
DANZE
DANZAS

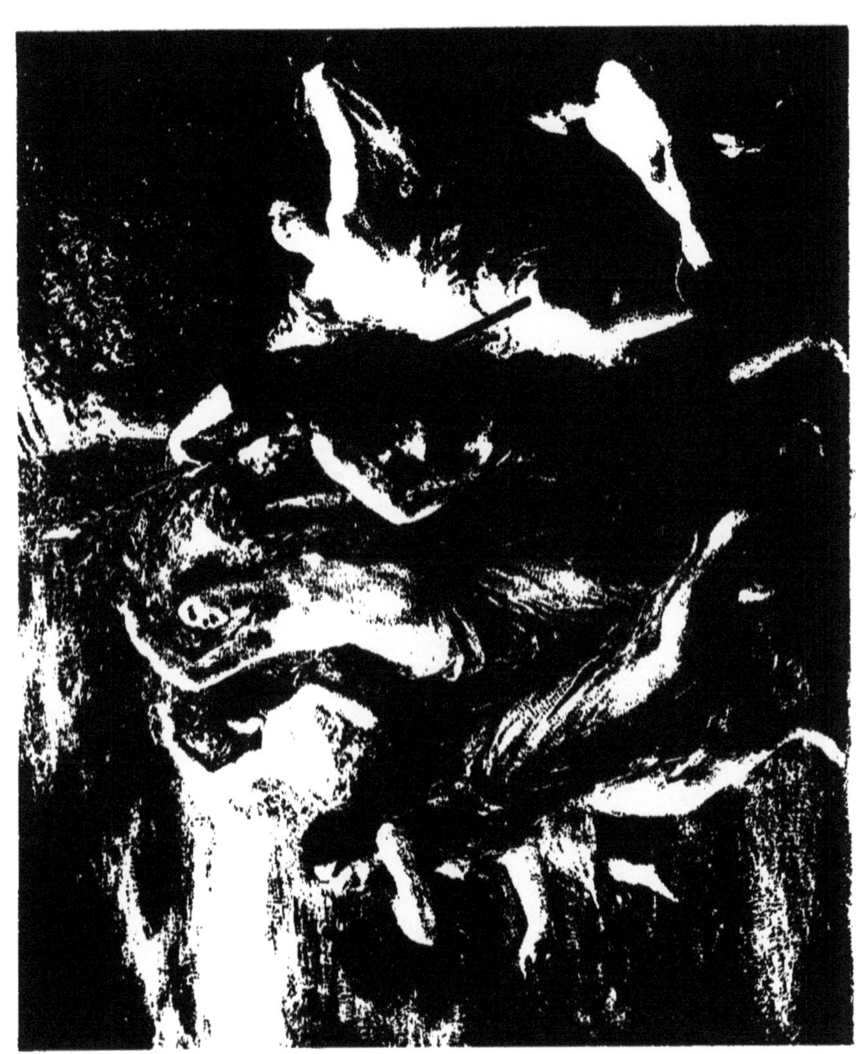

PL. 31. LE RÊVE DU POÈTE.
THE POET'S DREAM.
DICHTERSTRAUM.
IL SOGNO DEL POETA.
EL SUENO DEL POETA.

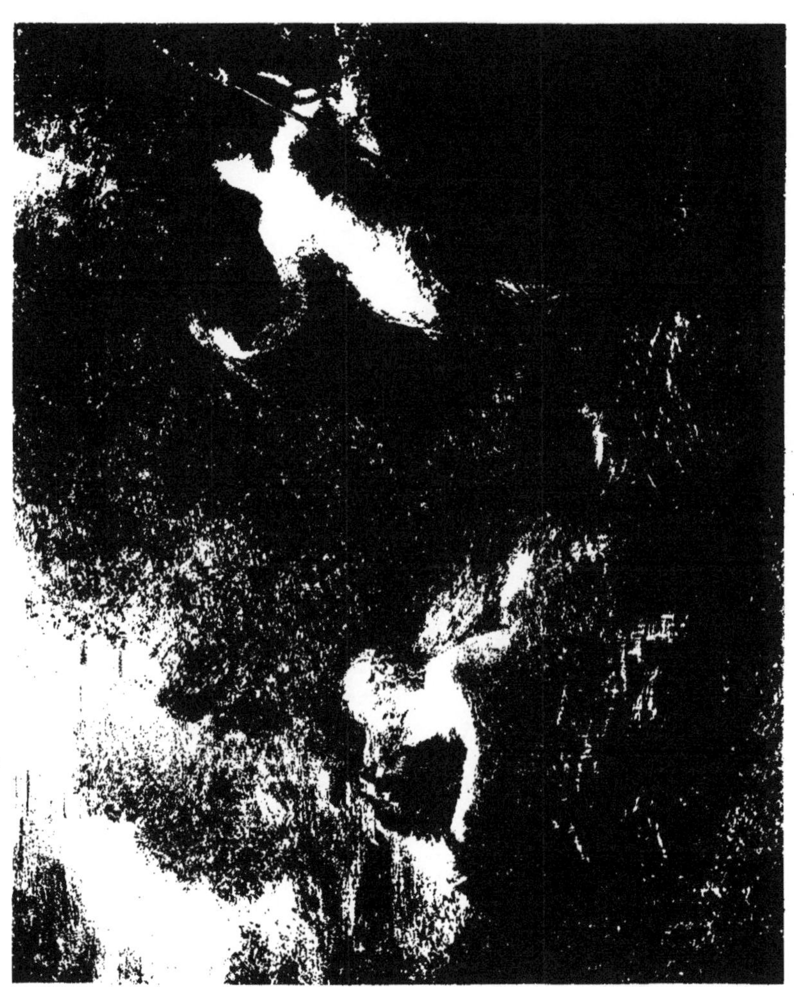

PL. 32 DANSES
DANCE.
TÄNZE.
DANZE.
DANZAS.

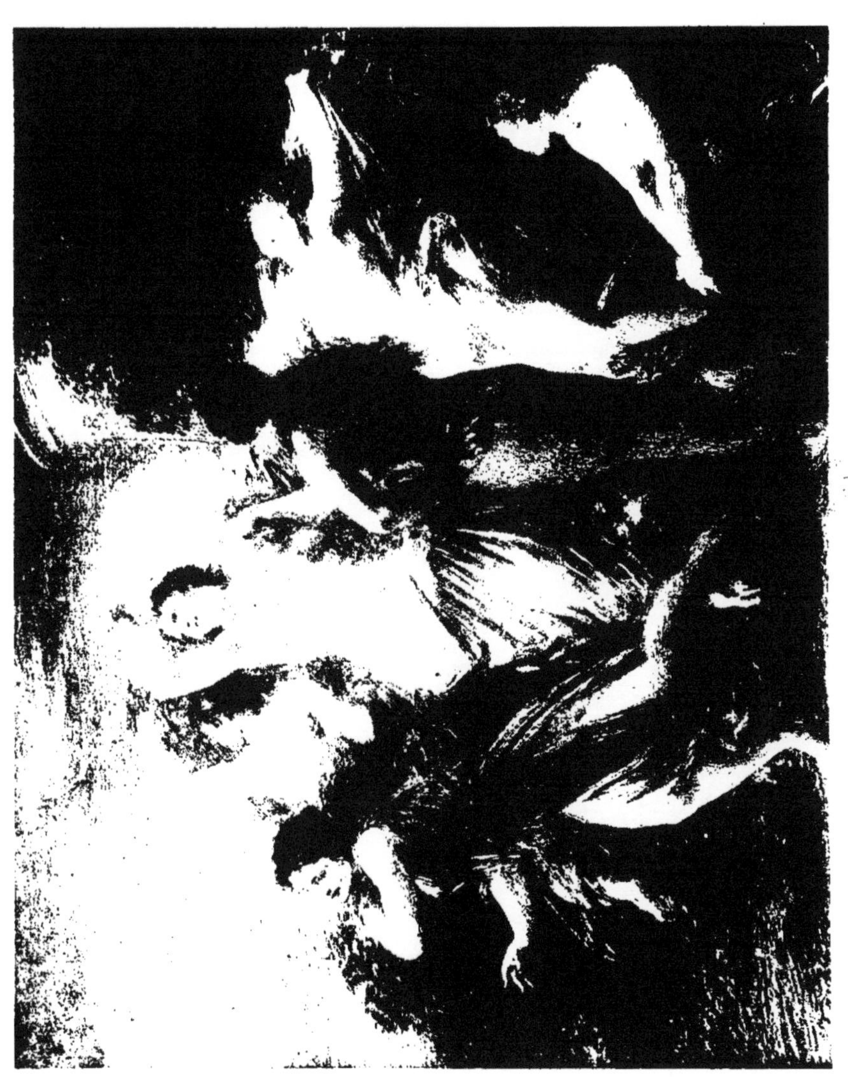

PL. 33. DIANE.
DIANA.
DIANE.
DIANA.
DIANA.

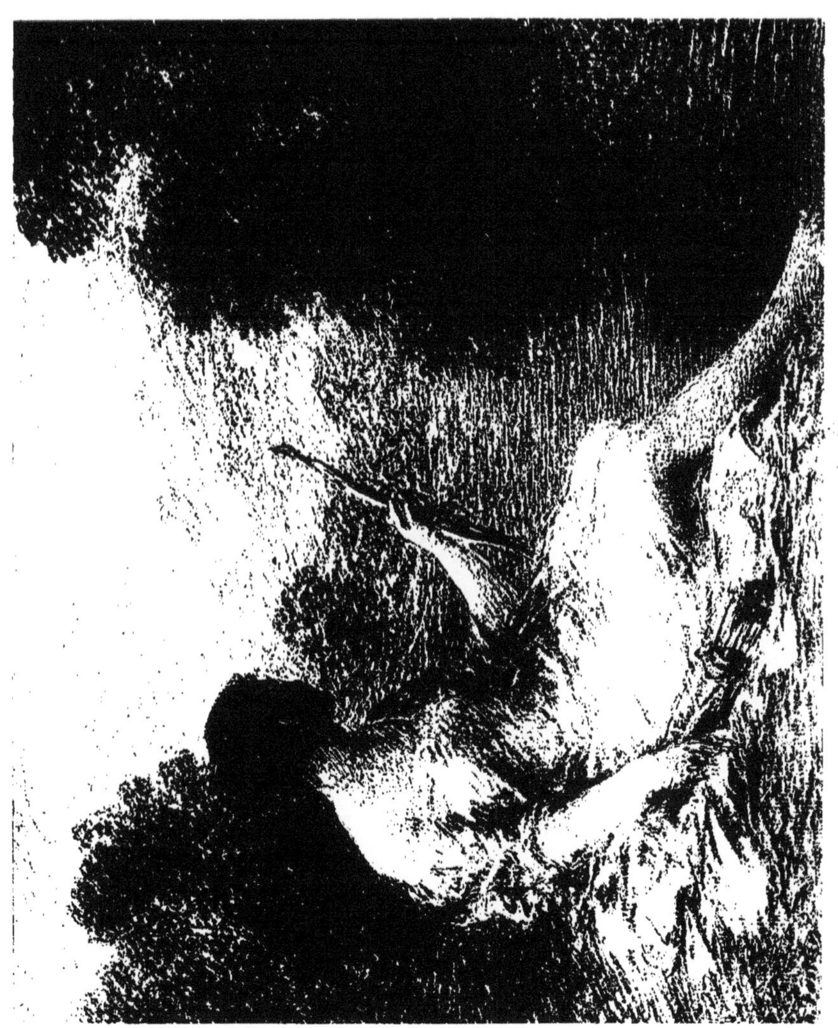

PL. 34. PORTRAIT DE FANTIN A 22 ANS (DESSIN).
PORTRAIT OF THE ARTIST AT 22 YEARS OF AGE (DRAWING)
FANTINS BILD IM ALTER VON 22 JAHREN (ZEICHNUNG).
RITRATTO DI FANTIN A 22 ANNI (DISEGNO).
RETRATO DE FANTIN A LOS 22 ANOS (DIBUJO)

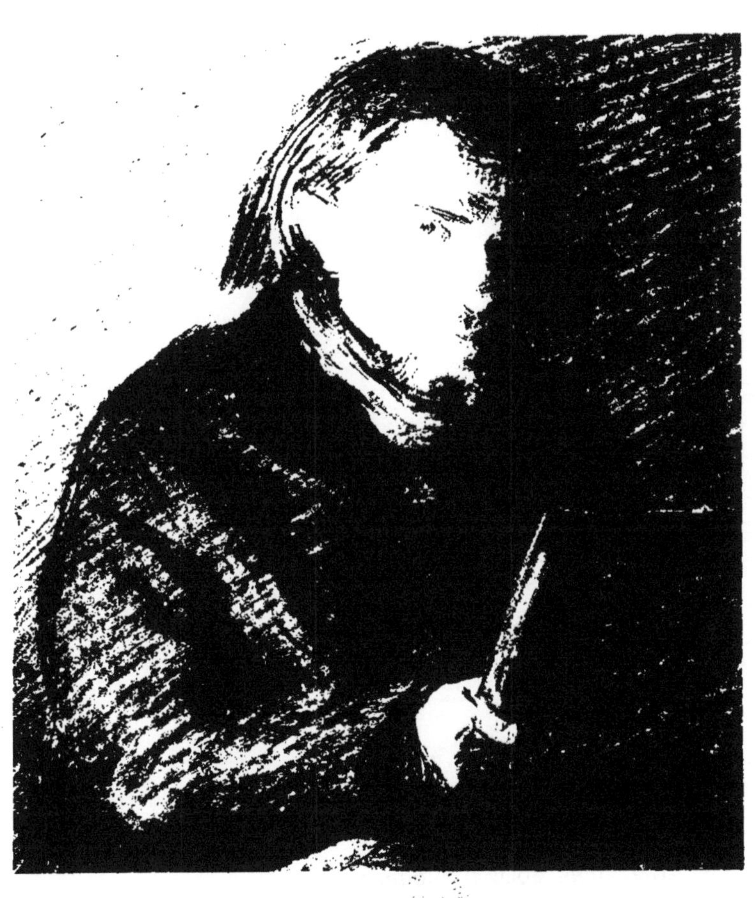

PL. 35. L'OR DU RHIN (LITHOGRAPHIE).
THE RHINE GOLD (LITHOGRAPH).
RHEINGOLD (LITHOGRAPHIE).
L'ORO DEL RENO (LITOGRAFIA).
EL ORO DEL RHIN (LITOGRAFIA).

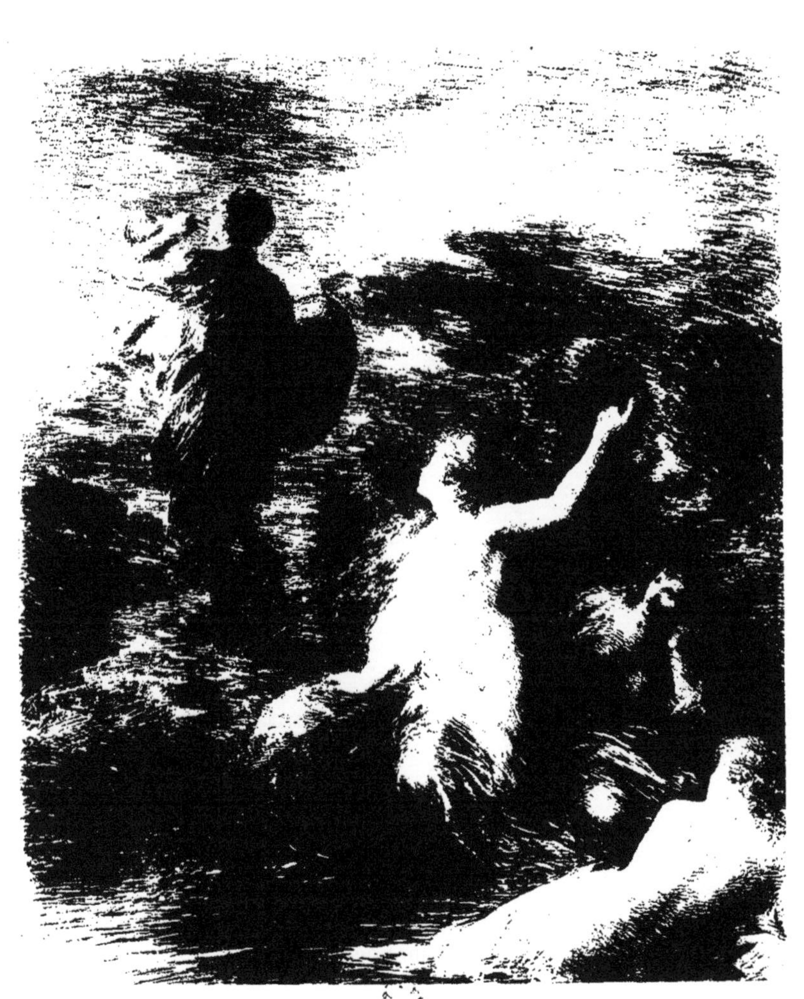

[illegible]

LE GÉNIE DE L'AIR (LITHOGRAPHIE).
THE DEMON OF THE AIR (LITHOGRAPH[illegible]
DER LUFTGEIST (LITHOGRAPHIE).
IL GENIO DELL'AERE (LITOGRAFIA).
EL GENIO DEL AIRE (LITOGRAFIA).

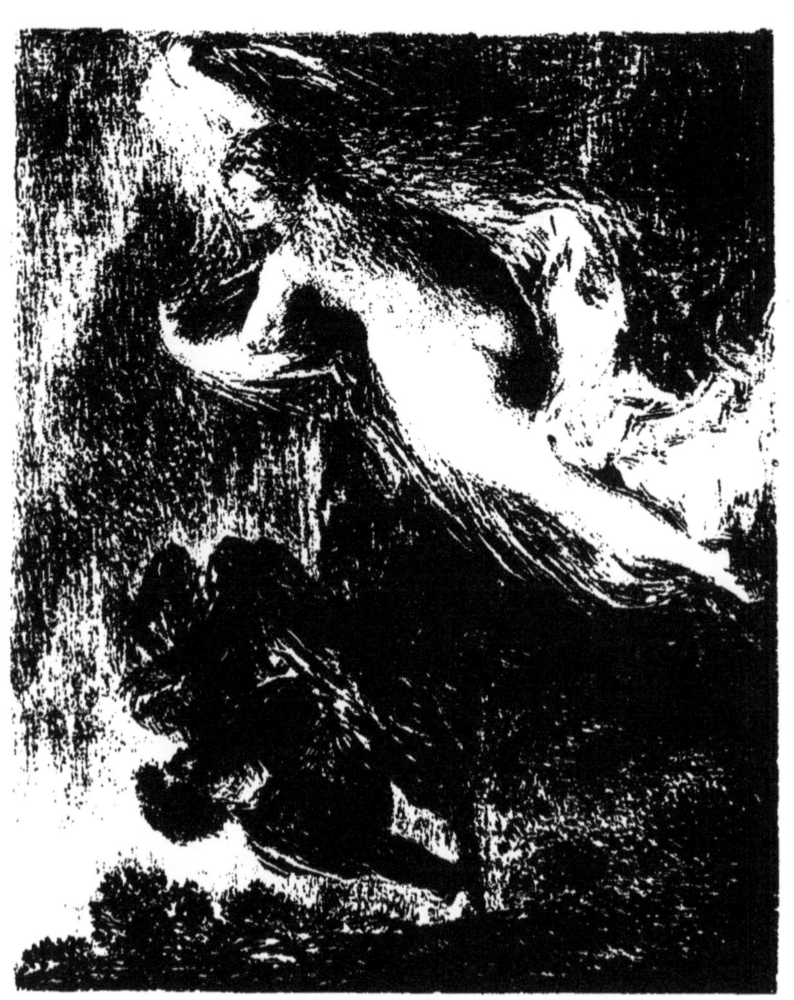

PL. 37 DUO DES TROYENS (LITHOGRAPHIE).
DUET ON THE BERLIOZ "TROJANS" (LITHOGRAPH).
HERZOG DER TROYENS (LITHOGRAPHIE).
DUETTO DEI TROIANI (LITOGRAFIA).
DUO DE LOS TROYANOS (LITOGRAFIA).

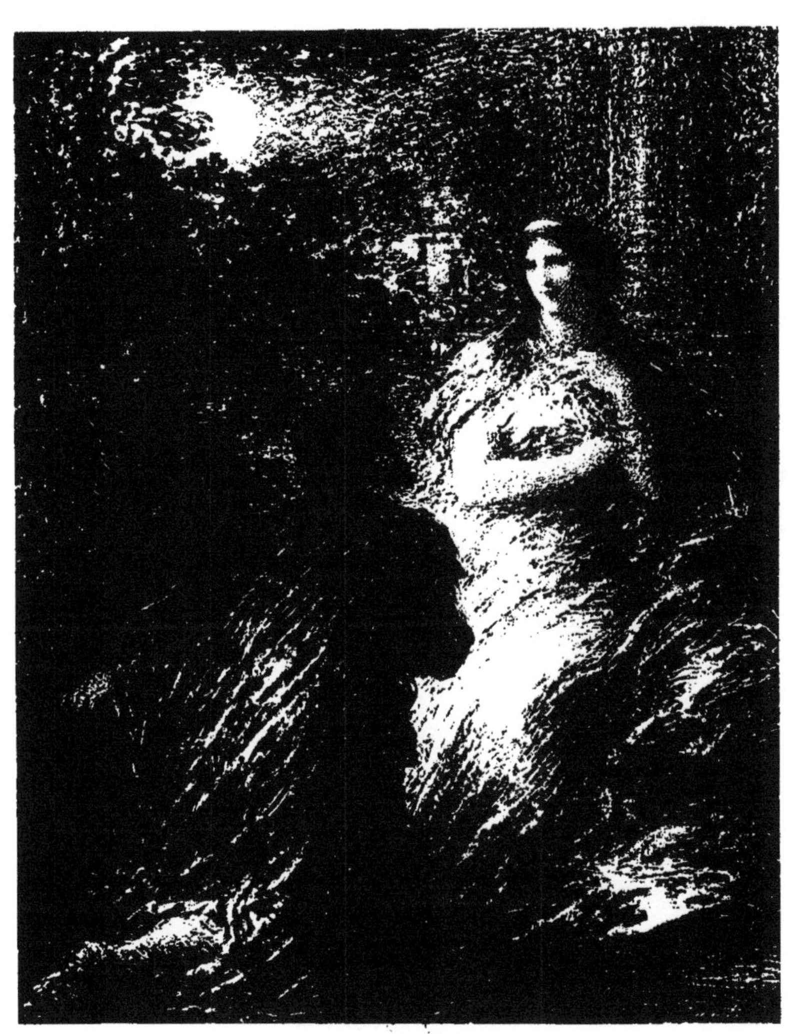

PL. 38. SYMPHONIE FANTASTIQUE (LITHOGRAPHIE).
BERLIOZ "SYMPHONIE FANTASTIQUE" (LITHOGRAPH).
PHANTASTISCHE SYMPHONIE (LITHOGRAPHIE).
SINFONIA FANTASTICA (LITOGRAFIA).
SINFONIA FANTASTICA (LITOGRAFIA)

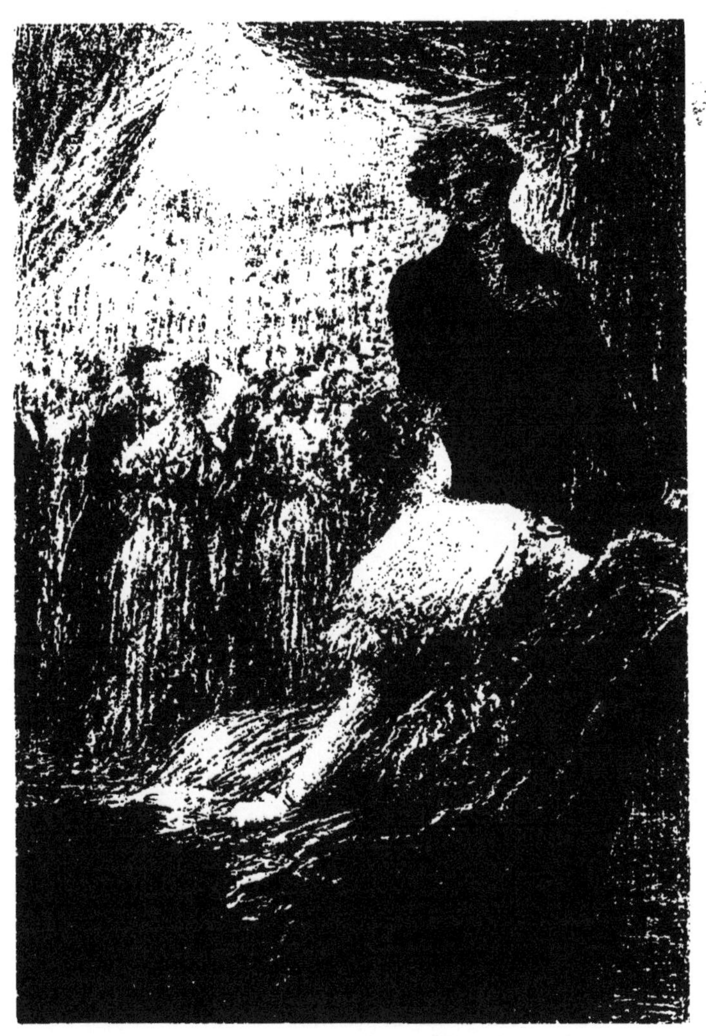

PL. 39. SARAH LA BAIGNEUSE (LITHOGRAPHIE).
FROM BERLIOZ "SARAH LA BAIGNEUSE" (LITHOGRAPH).
SARAH DIE BADENDE (LITHOGRAPHIE).
SARA BAGNANTE (LITOGRAFIA).
SARAH LA BANISTA (LITOGRAFIA).

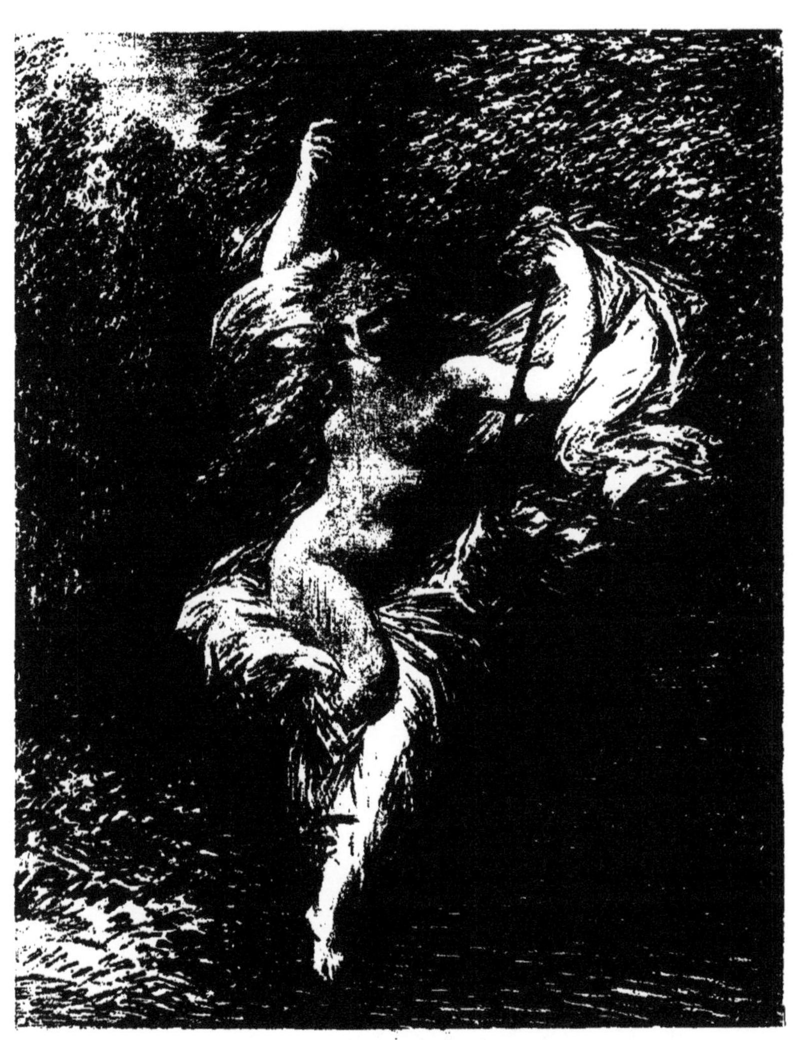

PL. 40 LES FILLES DU RHIN (LITHOGRAPHIE).
DIE RHEINTÖCHTER (LITOGRAPH).
DIE MADCHEN DES RHEINS (LITHOGRAPHIE).
LE FIGLIE DEL RENO (LITOGRAFIA).
LAS HIJAS DEL RHIN (LITOGRAFIA)

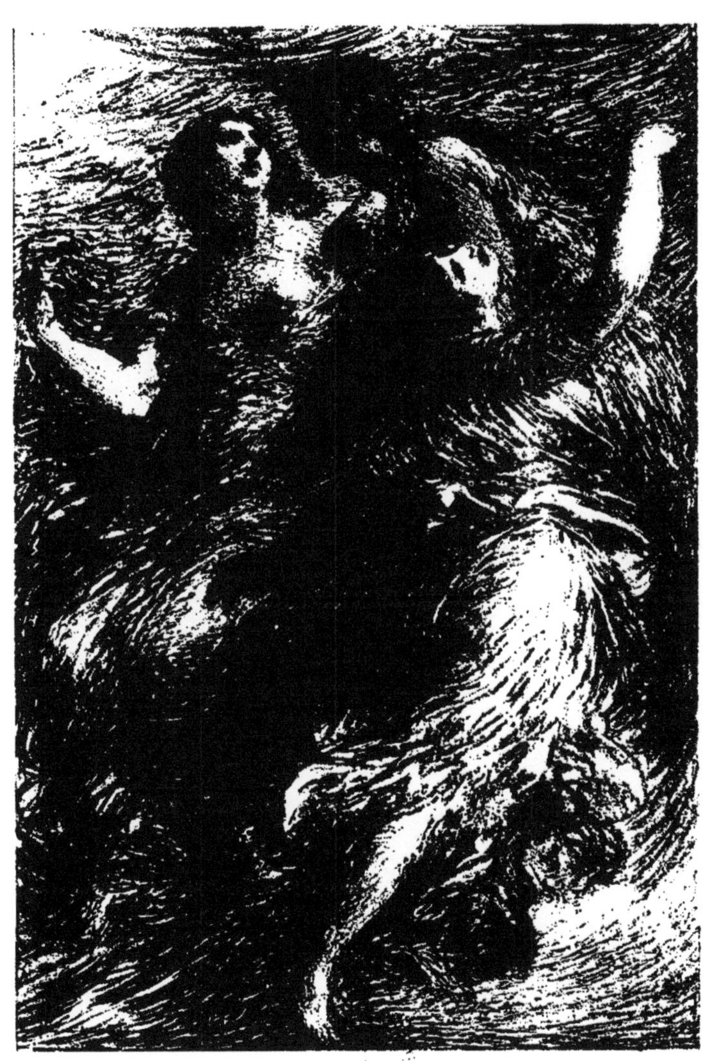

www.ingramcontent.com/pod-product-compliance
Ingram Content Group UK Ltd.
Pitfield, Milton Keynes, MK11 3LW, UK
UKHW021824190726
13853UKWH00003B/1170